Israël. 7 octobre 2023

Un pogrom au XXIe siècle

Sous la direction de Jérémy André
Valentine Arama / Armin Arefi / Luc de Barochez / Danièle Kriegel / Sébastien Leban / Guillaume Perrier / Julien Peyron / Bartolomé Simon / Théophile Simon / Mathilde Siraud / Géraldine Wœssner / Préface d'Étienne Gernelle

Israël. 7 octobre 2023

Un pogrom au XXIe siècle

Postface Kamel Daoud

Flammarion/Le Point

ISBN : 978-2-0804-4916-0

Préface

Il est des jours dont l'Histoire a du mal à se remettre. Le matin du 7 octobre, les assassins sont venus par centaines. Ils ont tué, et tué encore, par balles ou au couteau, des familles, enfants et vieillards, des femmes enceintes. Ils ont violé, mutilé pour humilier, annihiler. Il a fallu des jours, parfois des semaines, pour identifier certains corps, si abîmés qu'aucun parent ne pouvait les reconnaître. Des archéologues ont été appelés à l'aide. Comme si on avait dénié aux victimes non seulement le droit de vivre, mais aussi celui d'avoir existé. Les tueurs riaient, se filmaient, se vantaient au téléphone. Tout cela était non seulement permis, mais souhaité. Parce que l'objectif n'était pas de vaincre mais d'éradiquer, parce que les cibles étaient des Juifs. Les hommes du Hamas sont ensuite repartis avec des otages. La seule valeur de ces vies-là : être d'autres morts en puissance.

Le crime du 7 octobre est de ceux qui pétrifient. Mais – et c'est la raison de ce livre – pas tout le monde. Car à l'effacement des vivants succéda l'éclipse des morts, du moins de la nature du crime. Les suppliciés de Kfar Aza, de Be'eri ou du festival Supernova n'étaient pas encore enterrés que l'on relativisait déjà leur sort, que l'on replaçait leur élimination dans le « contexte » – mot annonciateur de l'étiolement des esprits – du conflit israélo-palestinien, que l'on pondérait déjà l'attaque par la réplique et, très vite, que l'on renvoyait l'agresseur et l'agressé dos à dos, confondant le massacre à visée exterminatrice et la guerre, tout atroce fût-elle.

Vint alors le règne du chiffre. Le décompte macabre fut annoncé chaque jour « de chaque côté » pour être « équilibré ». Déroute de la pensée : faut-il vraiment laisser aux calculatrices le soin de juger les hommes ?

Entendons-nous : la compassion ne se divise pas. Comment ne pas être effrayé par ces cœurs atrophiés que les enfants morts n'émeuvent que lorsqu'ils appartiennent à leur « camp »... Les pleurer tous, Israéliens et Palestiniens, et de la même façon, est une évidence. Occulter ce qui guide l'épée – l'intention – est une autre infirmité de la conscience. En cela, la réception, en Occident et ailleurs, du 7 octobre, ouvre un gouffre : que sommes-nous devenus pour ne plus savoir, ou vouloir, faire la différence ?

Pour bien comprendre ce qui est à l'œuvre ici, il n'est pas meilleur guide que le philosophe Vladimir Jankélévitch, et ce passage de *L'Imprescriptible*[1] : « Ceux que n'émeuvent ni la tuerie de Lidice, ni le massacre d'Oradour, ni les pendaisons de Tulle, ni les fusillés du Mont-Valérien, de Châteaubriant, de la Cascade et de Chatou, réservent leur indignation au bombardement de Dresde par les Anglais, comme si, en ce domaine, les Allemands n'avaient pas eu l'initiative, comme si la destruction de Rotterdam, de Varsovie et de Coventry par un adversaire implacable n'avait pas précédé les raids anglo-américains. »

Or, dès le soir du 7 octobre, l'ombre de la confusion s'est déployée. Chacun se prononcera bien sûr comme il l'entend sur l'ampleur et l'intensité des bombardements israéliens : les uns pointeront les milliers de victimes civiles à Gaza, les cris, la douleur des familles et les destructions apocalyptiques ; les autres relèveront que le Hamas se sert de sa population comme d'un bouclier et se repaît de son supplice, meilleur atout de sa propagande. La controverse est légitime, et elle a lieu, y compris en Israël. Après tout, Churchill lui-même a eu des doutes – ou remords – à propos de Dresde. Mais quel besoin pour cela de relativiser Oradour, ou le 7 octobre ?

Avons-nous, par ailleurs, appelé au « cessez-le-feu » juste après le Bataclan ? Jankélévitch répond,

---

1. Seuil, 1986.

par avance, aux appels à « négocier », la tuerie à peine terminée : « Le pacifisme généreux de Romain Rolland, récusant le chauvinisme traditionnel, qui est nationaliste et militariste, s'abstrayait du “conflit franco-allemand”. Mais depuis 1939 on ne peut plus être “au-dessus de la mêlée” : c'est pourquoi la Résistance n'a pas été “au-dessus”, mais bien dedans. »

Le 7 octobre fut un massacre visant intentionnellement les civils, les familles. Sa cruauté n'était ni un résultat, ni une conséquence, mais son essence. Il fut aussi une tuerie antisémite. La plus terrible, a-t-on précisé, depuis 1945. Car l'objectif du Hamas n'a jamais été de reconquérir des territoires, d'obtenir un accord de paix plus juste, mais bien de détruire Israël, d'éradiquer les Juifs de cette Terre. Tout est écrit dans sa charte, proclamée en 1988. Celle-ci a certes été complétée en 2017 par un document qui avait notamment pour but d'atténuer cet antisémitisme fondateur, et de poser le mouvement en interlocuteur possible, mais – cette nuance prend tout son sens aujourd'hui – l'additif n'a en rien abrogé le premier texte.

La lecture de cette charte est indispensable pour comprendre le 7 octobre. D'abord, la nature islamiste de l'organisation : le Hamas se définit comme « l'une des ailes des Frères musulmans » (article 2) et critique nommément l'Organisation de libération de la Palestine (OLP) en raison de « l'idée laïque » adoptée par celle-ci (article 27). Il se voit comme un « mouvement mondial » (article 7) et précise qu'il « n'y aura de solution à la cause palestinienne que par le jihad. Quant aux initiatives, propositions et conférences internationales, ce ne sont que perte de temps et activités futiles » (article 13).

Ensuite, dans la charte du Hamas, il est beaucoup question des Juifs. Pas des Israéliens, des Juifs. À l'article 7, on lit ceci : « L'Apôtre de Dieu – que Dieu lui donne bénédiction et paix – a dit : "L'Heure ne viendra pas avant que les musulmans n'aient combattu les Juifs (c'est-à-dire que les musulmans ne les aient tués)". » On y trouve des préjugés abjects mais connus sur l'argent et les Juifs, assortis bien entendu de considérations complotistes. Article 17 : « Ces organisations sionistes disposent de ressources matérielles considérables qui leur permettent de jouer leur rôle au cœur des sociétés. » Article 22 : « Grâce à l'argent, ils règnent sur les médias mondiaux, les agences d'information, la presse, les maisons d'édition, les radios, etc. Grâce à l'argent, ils ont fait éclater des révolutions dans différentes régions du monde pour réaliser leurs intérêts et les faire fructifier. »

La charte fait aussi mention des *Protocoles des Sages de Sion*, célèbre œuvre de faussaires apparue dans la

Russie tsariste en 1903 et imaginant pour les dénoncer des projets juifs de domination mondiale. Les *Protocoles* – accablant précédent – furent auparavant cités par Adolf Hitler dans *Mein Kampf*[1]. Notons que ce dernier, lorsqu'il les évoque, prend acte de leur contestation – il avait déjà été démontré à plusieurs reprises qu'il s'agissait d'une fabrication grossière – et ne contourne cet obstacle qu'au moyen d'un sidérant syllogisme : si les Juifs le contestent alors qu'ils mentent, c'est donc qu'il est authentique… Le Hamas, lui, ne s'embarrasse pas du problème : pour lui les *Protocoles* sont incontestables. Article 32 de la charte : « Leur plan se trouve dans *Les Protocoles des Sages de Sion* et leur conduite présente est une bonne preuve de ce qu'ils avancent. »

Cette référence commune n'empêche d'ailleurs pas le Hamas de dénoncer des « pratiques sionistes nazies » (article 31). Une assimilation stupéfiante mais pas inédite, loin de là. Jankélévitch, là encore, avait tout vu : « L'antisionisme est l'antisémitisme justifié, mis enfin à la portée de tous. Il est la permission d'être démocratiquement antisémite. Et si les Juifs étaient eux-mêmes des nazis ? Ce serait merveilleux. Il ne serait plus nécessaire de les plaindre ; ils auraient mérité leur sort. »

---

1. *Historiciser le Mal, une édition critique de « Mein Kampf »*, sous la direction de Florent Brayard et Andreas Wirsching, Fayard, 2021.

Si les intentions du 7 octobre 2023 se lisent dans la charte du Hamas de 1988, son horreur nous a coupé le souffle. Jusqu'à ne pas savoir comment le nommer. Au cours de la confection du numéro du *Point* daté du 9 novembre 2023, le point de départ de ce livre, nous nous sommes longuement interrogés. Nous avions envisagé ce titre principal : « Pogrom ». Était-ce le bon mot ? Deux historiens, Marc Knobel et Georges Bensoussan, joints par téléphone le jour du bouclage par Valérie Toranian, directrice de la rédaction du *Point*, ont alors émis des réserves. Les deux ont souligné que *pogrom* est un mot russe signifiant « destruction » et qui renvoie à des événements survenus entre le XVIIe et le tout début du XXe siècle en Europe centrale et orientale.

Les historiens se méfient en général de la transposition commode des mots par-delà le temps et l'espace, mais les remarques de Knobel et Bensoussan allaient plus loin, et nous ont troublés. Ils nous ont précisé que les pogroms étaient le fait d'une foule, avaient le caractère d'une émeute spontanée, souvent accompagnée d'alcoolisation, et correspondaient parfois à des fêtes religieuses. Ils étaient d'une violence variable, avec parfois des meurtres et des viols, presque toujours des pillages, mais étaient dans la plupart des cas brefs et chaotiques : on ne massacrait pas systématiquement tout le monde. En cela, ils différaient donc de la tuerie méthodique du 7 octobre, programmée de longue date et dont les sévices ont été manifestement non seulement ordonnés, mais aussi coordonnés. Le mot « pogrom », à les entendre, nous a semblé être en dessous de la réalité.

Certes, la Nuit de Cristal, du 9 au 10 novembre 1938, fut en son temps qualifiée de « pogrom ». Or celle-ci fut bien planifiée, quelques jours auparavant, et fit une centaine de morts. Plusieurs milliers de Juifs furent déportés. Que faire alors, que dire ? Finalement, nous avons intitulé le numéro « 7 octobre 2023 », avec en sous-titre : « Un pogrom au XXIe siècle ». Marquer la différence du crime et de l'époque en les associant : imparfaite solution, certainement, mais comme en convint Marc Knobel plusieurs semaines plus tard, cette expression avait le mérite de désigner « un massacre qui visait exclusivement les Juifs ». D'autres historiens ou spécialistes de géopolitique ont proposé la formule de « 11 septembre israélien », qui a le mérite de donner la mesure du choc dans le pays, ou encore avancé une comparaison avec Diên Biên Phu, qui témoigne bien du traumatisme militaire. Mais aucune de ces deux-là n'indique le caractère antisémite et éradicateur de la tuerie. Pour Georges Bensoussan, la juste formule serait « massacre de type génocidaire ».

Nous avons posé, en marge d'une interview, la question à l'ancien Premier ministre israélien et leader de l'opposition (centriste) Yaïr Lapid. Voici sa réponse : « Je pense que "pogrom" est un mot juste. La seule chose qui me gêne, c'est lorsqu'on fait la comparaison avec la Shoah, qui n'est comparable à rien. Mais pogrom, oui, cela me semble juste. »

Les historiens, bien sûr, désigneront le 7 octobre par la formule qui leur semblera la plus pertinente. Ils ont le temps d'y penser. En attendant, ce débat nous enseigne une chose : c'est précisément parce qu'il est difficile à nommer que le 7 octobre n'est pas soluble dans le fil des événements. Il est, comme le dit Georges Bensoussan, « singulier ».

La grande relativisation, pourtant, a continué son œuvre, alimentée par des esprits plus ou moins bien intentionnés. C'est d'ailleurs pour cela que nous avons décidé d'établir le récit, aussi minutieux que possible, de cette journée d'effroi. Tout est parti un vendredi, lors d'une réunion de rédaction au septième étage du *Point*, dans le XVe arrondissement de Paris. On y parlait de la pluie d'absurdités et d'obscénités qui s'abattait sur le monde au sujet d'Israël et de Gaza : ce slogan de « Palestine libre, de la rivière à la mer », entonné dans les rues de Londres comme à Harvard, et qui signifie l'élimination d'Israël ; l'explosion des actes antisémites, de Berlin à Makhatchkala au Daghestan ; l'épisode de l'hôpital Al-Ahli, prétendument bombardé par Tsahal, et à propos duquel des institutions respectées ont propagé avec enthousiasme les éléments de langage du Hamas ; et puis ce silence au sujet des viols commis par les hommes du Hamas… Les vérités parallèles se multipliaient et celle du 7 octobre s'estompait déjà, petit à petit, derrière le bruit et la fureur de ce monde tiktokisé. Nous avons voulu, au moins, retracer les faits et faire parler les témoins. Ne pas oublier, pas si vite.

L'une des particularités du 7 octobre 2023, parmi d'autres massacres de masse de ces dernières décennies, est que de nombreuses sources ont été immédiatement accessibles. Y compris du côté des bourreaux, qui ont filmé leurs crimes, alors que tant d'autres dans l'Histoire ont tenté de les camoufler. Le gouvernement israélien, confronté à une impressionnante vague de révisionnisme, a même organisé des projections. On pouvait y visionner une partie de ces images, ainsi que celles tournées par les secours en arrivant sur les lieux du massacre. Quant aux survivants des kibboutzim ou du festival Supernova, il fut possible, assez vite, de leur parler : la tuerie s'est déroulée en Israël, État de droit où les journalistes peuvent enquêter sans crainte. Si nous ne prétendons pas avoir mené ici un travail d'historiens, nous avons documenté de notre mieux ce passé immédiat. Parce que nous le pouvions, et parce que la tentative d'effacement se déroulait, elle aussi, dans l'immédiat.

La rédaction du *Point* s'est alors mise en marche. Une douzaine de journalistes – dont six envoyés spéciaux, notre correspondante et notre photographe Sébastien Leban – a enquêté, recueilli des témoignages, des récits, des informations. Certains d'entre eux se trouvaient déjà sur place. Dès la nouvelle du massacre et durant des semaines, les reporters du *Point* se sont relayés en Israël.

Je les ai côtoyés là-bas le temps d'un week-end, alors que j'étais venu interviewer Yaïr Lapid. Une bande de jeunes journalistes, partagés entre gravité, fatigue et entrain, consciencieux, soudés, attentifs les uns aux autres. Une équipe. Ils avaient établi leur base arrière au Vera Hôtel, un petit havre bobo de Tel-Aviv avec son patio garni de plantes, ses produits « locavores » et même un distributeur de vin israélien en libre-service. On trouve dans les rues alentour des restaurants, des terrasses de cafés et une boîte de nuit. Dans le quartier, on entend parler hébreu, arabe, anglais, russe et parfois français. Une ville cosmopolite, sensuelle et tolérante. Une part de nous que visiblement certains « progressistes » tartuffes, de New York à Londres en passant par Paris, ne veulent pas voir. Pas plus qu'ils n'ont voulu voir les souffrances des Palestiniens opprimés par le Hamas. Le reportage, cela sert, entre autres, à cela : voir.

À Paris, la rédaction était aussi sur le pont pour solliciter et regrouper des témoignages, recueillir des informations utiles au récit, mettre en forme… La veille du bouclage, tout le monde était là : iconographes, maquettistes, correcteurs, éditeurs du numérique ou du « papier »… Une petite équipe de *fact checking* dédiée a été mise en place pour vérifier faits, noms, dates et lieux. On a dîné libanais. L'atmosphère était plus dense que d'habitude.

Ce numéro a été réalisé avec cœur, souvent avec émotion. Le récit qu'il contient a ensuite été étoffé pour le livre que vous tenez entre les mains. D'autres témoignages, d'autres résultats des enquêtes et reportages de l'équipe, certains inédits, ont été assemblés sous la direction de Jérémy André, sans doute celui de nos envoyés spéciaux qui a passé le plus de temps en Israël depuis le 7 octobre. L'ami Kamel Daoud, grand écrivain qui connaît le prix de la liberté et le sens du mot « massacre » pour l'avoir côtoyé de près en Algérie, a ensuite accepté d'en écrire la postface. Merci à eux.

Étienne Gernelle

Vendredi 6 octobre, 20 heures –
Kibboutz Kfar Aza, sud d'Israël

Ce fut un dîner de shabbat sans histoire. Keren et Avidor Schwartzman, un couple d'Israéliens, vivent depuis deux mois avec Sa'ar, leur petite fille d'un an, dans le kibboutz de Kfar Aza, environ 700 habitants, à quelque 2 kilomètres de la bordure de Gaza. Lui est un ancien journaliste, elle est professeure d'anglais et de Pilates, et ils ont emménagé dans ce « coin de paradis » pour vivre « l'esprit du sionisme » et se rapprocher des parents de Keren, Cindy et Igal, chez qui ils passent la soirée.

« On songeait à leur laisser Sa'ar pour la nuit, mais on a décidé de la ramener à la maison pour lui donner le bain », se souvient Avidor. Lui, trente-sept ans, est un « gars de la ville », reconnaît-il. Ils se sont rencontrés durant leurs études à Beer-Sheva, le chef-lieu du sud d'Israël où il a grandi.

« Sa famille est un énorme clan qui vit dans deux immeubles voisins, ajoute sa femme. Il a fallu le travailler au corps pour le convaincre d'habiter à la campagne. » La principale inquiétude d'Avidor : les roquettes. Si près de la bande de Gaza, les tirs des groupes palestiniens ne mettent que quelques secondes à frapper les localités israéliennes. Et le Dôme de fer, le système de défense ultra-avancé, n'en intercepte qu'une partie. « Je m'inquiétais surtout de l'impact psychologique qu'il y aurait pour Sa'ar à grandir avec ces attaques », admet-il. Keren, trente-quatre ans, y était plus accoutumée : « Depuis vingt ans que je vis à Kfar Aza, il y a des roquettes lancées depuis Gaza », note-t-elle. Elle a grandi de kibboutz en kibboutz, dans cette « enveloppe de Gaza », le collier de petites communautés rurales fondées dans les années 1950, juste après l'indépendance d'Israël, pour consolider la présence juive autour de l'enclave palestinienne. Il y avait bien certaines années de toutes petites incursions par des tunnels, immédiatement écrasées par Tsahal, l'armée israélienne. Personne dans la région n'imaginait un plus grand danger.

Avidor voulait d'ailleurs profiter du week-end pour inviter des amis de Beer-Sheva : « Venez à la maison, les enfants joueront dans le jardin ! » L'ami auquel il s'est adressé a décliné : « Tu es fou ? Il y a une grosse montée de tension avec Gaza. » « Quelle tension ? » s'est étonné Avidor. Le kibboutz, communauté idéaliste dont la plupart des membres plaident pour la paix, vit comme dans une bulle, ne prêtant pas attention aux quelques alertes prémonitoires lancées dans des médias locaux. Pour le matin du 7 octobre, des jeunes de Kfar Aza avaient même prévu, après le petit-déjeuner collectif, un festival de cerfs-volants, une tradition pour envoyer un message de paix à leurs voisins palestiniens.

Samedi 7 octobre, 3 heures – Quartier général du Shin Bet, Tel-Aviv

Le jour qui débute en Israël est celui de la fête de Sim'hat Torah (« la joie de la Torah »), qui marque le terme des huit jours de festivités de Souccot. Mais tout le monde n'a pas baissé la garde. En plein shabbat, Ronen Bar, cinquante-sept ans, le directeur général du Shin Bet, le service de renseignement intérieur israélien, est encore à son bureau au milieu de la nuit. Il passe en revue les derniers rapports sur la bande de Gaza, comme il le racontera plus tard au *New York Times* [1]. Ceux-ci témoignent d'une inhabituelle agitation en pleine nuit. Mais une partie des analystes croit à un énième exercice militaire nocturne du Hamas,

1. Ronen Bergman, Mark Mazzetti et Maria Abi-Habib, « How Years of Israeli Failures on Hamas Led to a Devastating Attack », *The New York Times*, 29 octobre 2023.

le mouvement islamiste qui tient le territoire sous sa férule depuis 2007.

Ronen Bar est tenaillé par le doute. Après consultation de l'état-major, il réclame le déploiement dans le sud d'Israël du commando Tequila, une unité d'élite antiterroriste. Trop tard.

6 heures – Nord de la bande de Gaza

Aux premières lueurs de l'aube, des militants du Hamas s'approchent de la clôture de sécurité, haute de 6 mètres et longue de 65 kilomètres, qui sépare le territoire palestinien d'Israël. Habillés en civil, ils se font passer pour des agriculteurs arpentant leurs champs pour pouvoir approcher. Ils viennent faire une dernière ronde de reconnaissance pour repérer les patrouilles de l'armée israélienne le long de la grille et transmettre leurs positions.

Quelques minutes avant 6 h 30 – Gaza

Des milliers de roquettes sont tirées simultanément sur les villes israéliennes de Sdérot, Ashkelon, Tel-Aviv et même Jérusalem. Au moins 2 200 projectiles sont lancés selon l'armée israélienne, 5 000 selon le Hamas – un chiffre qui dépasserait le total des tirs sur une année entière, même lors des précédents cycles d'hostilités de 2014 et 2021. Les premières cibles sont les bases militaires et les dispositifs de défense, pour perturber la riposte israélienne et brouiller les communications. Mais ce n'est qu'une diversion. Le Hamas exécute un plan minutieux, beaucoup plus ambitieux que tout ce que les groupes palestiniens ont jamais mis en œuvre. De petits drones légers, modifiés pour pouvoir larguer des grenades de lance-roquettes RPG à la verticale, neutralisent les tourelles israéliennes munies de caméras d'observation et de canons automatisés qui jalonnent la clôture de sécurité. Il ne faut pas plus de quelques minutes pour rendre inopérant le système de surveillance sophistiqué, le « Mur de fer », derrière lequel l'État hébreu se croit à l'abri, et que certains Israéliens comparent désormais à la ligne Maginot.

Les hommes de la force d'élite des brigades Ezzedine al-Qassam, la branche « militaire » du Hamas, prennent d'assaut la clôture. Des artificiers placent des charges explosives contre les grilles. Ils ouvrent 29 brèches tout autour du périmètre. Des engins de chantier percent des ouvertures plus larges pour faire passer des pick-up et des voitures. Les terroristes disposent de passerelles pliables portatives pour franchir talus et tranchées. À pied, en pick-up ou à moto, de petits groupes s'y engouffrent et pénètrent en territoire israélien. Ils sont armés jusqu'aux dents. L'armée israélienne saisira sur leurs cadavres des milliers de fusils Kalachnikov, des lance-roquettes de fabrication iranienne et nord-coréenne, des grenades thermobariques, des barres d'explosif C4, des tuyaux d'arrosage remplis de plastic capables de fracturer des portes blindées, des gilets tactiques, des kits de premier secours, des colliers de serrage pour menotter des otages ainsi que de petits sacs de riz servant de cartouchières et remplis de munitions.

Dans les airs, des assaillants utilisent des paramoteurs maniables volant à basse altitude. Certains de leurs engins sont couplés à des motos. En volant, les pilotes guident les commandos au sol vers leurs cibles.

Au nord de la bande de Gaza, des plongeurs passent par la mer pour attaquer la base militaire israélienne qui jouxte le kibboutz Zikim. Plusieurs embarcations gonflables motorisées les transportent vers la première plage israélienne au nord du territoire palestinien, où ils débarquent. Au total, environ 3 000 hommes armés, selon Tsahal, franchissent la barrière de sécurité ce samedi 7 octobre 2023. Certains sont équipés de mini-caméras destinées à diffuser leurs atrocités sur les réseaux sociaux. Le pogrom commence.

6 h 29 – Festival de musique Supernova, près de Réïm, à 5 kilomètres de Gaza

Millet Ben Haim danse dans sa tenue en Lycra noir. Elle se filme devant le mur de son de l'une des scènes du festival. Thérapeute et éducatrice sexuelle le jour, DJ la nuit, elle a acheté ses billets en juin, au premier jour de vente, reçu la localisation du site la veille au soir et débarqué avec quatre amis à 2 heures du matin. Capitaine de soirée, elle a juste fumé quelques joints, mais la plupart des fêtards sont, eux, en pleine montée de MDMA, d'ecstasy ou de LSD, pour profiter au maximum du lever du soleil. Elle arrête sa vidéo, prend un selfie avec ses copines où elle tire la langue. La musique s'éteint. Elle hurle au DJ : « Pourquoi t'arrêtes ? » « Retourne-toi », lui répond-il.

Quelques mètres plus loin, Omri Lendler, vingt-sept ans, contemple l'impressionnant tir de barrage du Hamas, le plus gros qu'il ait jamais vu. « Des centaines de roquettes volaient au-dessus de nos têtes », relate-t-il. Flottement. La sécurité donne l'ordre d'évacuer. Certains courent, d'autres marchent. D'autres encore, perplexes ou trop stone, restent allongés dans l'herbe. « Je sentais dans mes tripes qu'il fallait se casser le plus vite possible », se souvient Millet Ben Haim.

Elle demande les clés de sa voiture au copain du petit ami d'une amie, qui les a conduits à l'aller et est désormais trop défoncé pour gérer. Entassés à cinq dans la Hyundai i20 gris argent, ils font du hors-piste en cahotant dans l'embouteillage causé par les festivaliers – ils sont quelque 3 500 au total – qui fuient le site.

À pied, des foules de jeunes courent vers la route, affolés. Arrivés sur l'asphalte de la nationale 232 qui remonte vers le nord en parallèle de Gaza, Millet et ses amis sont déroutés par un policier dans l'autre direction, sans explication. Mais quelques instants plus tard, une voiture arrive en sens inverse à toute allure. De jeunes Israéliens sortent la tête par la fenêtre, hurlent, mimant des hommes tirant au revolver. Shoot d'adrénaline, Millet comprend en une fraction de seconde : il y a des terroristes plus loin qui tirent sur les voitures. Elle pile, fait demi-tour, est stoppée au bout de quelques secondes par un enchevêtrement de véhicules à l'arrêt.

En sortant de la voiture, les jeunes entendent les rafales qui se rapprochent de plusieurs côtés. Pour Millet, c'est la quatrième attaque terroriste de sa vie – elle a failli être poignardée il y a quelques années. Comme beaucoup d'Israéliennes, elle a fait son service militaire. Elle sait que les soldats de Tsahal n'ont pas le droit d'employer leurs armes en mode automatique et comprend immédiatement que ce n'est pas une fusillade : c'est une battue dont les festivaliers sont le gibier.

6 h 30 – Base militaire de Nahal Oz, à 1 kilomètre de la clôture de sécurité

Ce complexe militaire stratégique, face à la ville de Gaza, supposé imprenable, est gardé par une compagnie de soldats de métier. De jeunes conscrites qui font leur service dans cette unité de surveillance se relaient pour observer les mouvements de l'autre côté du mur.

Deux soldates qui ont réchappé au carnage, Yael Rotenberg et Maya Desiatnik, ont livré leur témoignage à la télévision israélienne. Quelques semaines plus tôt, ces « yeux de l'armée », comme on les surnomme, ont alerté leur hiérarchie sur des activités suspectes à proximité du mur de sécurité. Des hommes ne cessaient de s'approcher, consultaient des cartes, creusaient des trous. De simples « agriculteurs », avait objecté la hiérarchie. Pourtant, Yael Rotenberg avait repéré les préparatifs sur deux points de la frontière où le Hamas va percer ses brèches. « Nous les avons prévenus et nous nous sommes fait massacrer ! » enrage encore *a posteriori* la conscrite survivante.

Elles ne sont pas les seules à avoir tenté de lancer l'alerte. Des habitants des kibboutz qui écoutaient les radios des groupes palestiniens de la bande de Gaza avaient alerté l'armée sur des préparatifs et entraînements. Et comme l'a révélé une enquête du journal *Haaretz* [1], une officière du renseignement militaire de l'unité 8200, spécialisée dans l'interception des télécommunications, avait rendu un rapport dès juillet sur des exercices du Hamas qui s'étaient conclus par une annonce glaçante : « Nous avons achevé le meurtre de tous les habitants du kibboutz. » Les préparatifs, qui duraient depuis plus d'un an, semblaient terminés dès le début de l'été. Des commandants de haut rang du Hamas avaient même assisté en personne à ces répétitions finales. Mais là encore, l'alerte avait été balayée par la hiérarchie, sceptique face à ce qui lui semblait « imaginaire ».

À Nahal Oz, lorsque le déluge de roquettes s'abat, c'est pile l'heure de la relève. Karina Ariev,

1. Amos Harel, « "We Have Completed the Murder of All Residents of the Kibbutz." Chilling Warnings Picked Up by Israeli Intelligence Months Before October 7 Massacre », *Haaretz*, 27 novembre 2023.

jeune conscrite, vient de terminer son tour de garde. Elle s'apprête à se coucher. De l'abri souterrain où elle s'est ruée en pyjama, elle appelle sa sœur aînée, Sacha, à Jérusalem : « Notre base est attaquée ! » Sacha entend les explosions de roquettes. Karina lui dit que des ennemis ont été repérés par les caméras de surveillance. La jeune fille appelle ensuite ses parents : « Les terroristes sont dans la base ! » On entend des cris en arabe, des tirs en rafale. Les dernières soldates en poste dans la salle des opérations rejoignent les autres dans le bunker. Aucune n'est armée. Elles sont faites comme des rats. Elles n'ont plus qu'à attendre d'être capturées ou taillées en pièces – ou pire.

Outre Nahal Oz et Zikim, les équipes motorisées du Hamas ont investi quatre autres bases militaires : le checkpoint d'Erez, principal point de passage entre le territoire palestinien et Israël, le QG de la division de Gaza, à Réïm, chargée de surveiller le territoire sous contrôle du Hamas, les bases de Magen et de Kissoufim. Plusieurs dizaines de soldats israéliens sont tués ou capturés. Rien n'arrêtera plus les combattants du Hamas.

D'autres colonnes infernales mettent le cap sur les kibboutz proches et sur les villes de Sdérot et d'Ofaqim.

6 h 30 – Kibboutz Mefalsim, à 1 kilomètre de la bande de Gaza

Jaillissant d'un haut-parleur surplombant le quartier, la voix métallique emplit l'air matinal. « Aux abris, aux abris ! » Noam et Anat Kazaz, un couple de quinquagénaires installé là depuis trente ans, se ruent vers les chambres de leurs deux filles, Yael, quatorze ans, et Ella, seize ans. La famille dévale les escaliers jusqu'au rez-de-chaussée et s'enferme dans une pièce blindée. Selon la loi, chaque nouvelle habitation israélienne doit comporter une salle de sécurité renforcée contre les bombardements (*mamad* en hébreu).

La maison des Kazaz tremble soudain sur ses fondations. Une roquette qui a déjoué le Dôme de fer vient de s'abattre sur le toit. Le père de famille monte à l'étage pour inspecter les dégâts. À travers les trous béants de la toiture, il aperçoit un groupe d'hommes en armes en train de franchir la clôture de Gaza. « Une trentaine de types fondaient sur le kibboutz, explique Noam. J'ai compris que le jour auquel nous nous préparions depuis des années était arrivé. »

Cet agriculteur trapu appartient à un groupe d'une douzaine de civils chargé d'assurer la sécurité du village. Ces volontaires sont pour la plupart d'anciens militaires ou ont été formés au maniement des armes par Tsahal. Noam fouille les décombres de sa chambre à la recherche de son attirail de combat. Il enfile un gilet tactique, attrape son talkie-walkie, se saisit de son fusil d'assaut M16 et emporte une caisse de munitions. Il conduit Anat, Ella et Yael dans l'abri antiaérien de la maison d'un voisin. « Aucun militaire n'était en vue. Nous allions devoir nous battre seuls contre une horde de terroristes », se souvient-il.

Une douzaine d'assaillants bien renseignés se sont infiltrés dans le kibboutz. Ils portent sur eux une carte détaillée de Mefalsim et tentent de prendre le contrôle des points névralgiques. « Ils savaient exactement où se trouvaient les bâtiments collectifs, la synagogue ou l'infirmerie. Ils connaissaient les adresses des membres du groupe d'autodéfense. Selon moi, ils ont bénéficié de renseignements en amont de l'attaque de la part d'employés agricoles gazaouis qui travaillaient là », avance Noam. Dans plusieurs autres kibboutz, le même soupçon est étayé par la disparition, quelques jours plus tôt, de certains travailleurs palestiniens, et par des appels étranges qu'ils avaient passés pour poser des questions sur le déroulé des festivités de Souccot.

Alors que les combats font rage, Noam monte avec deux voisins, Avi et Eli, dans les étages de maisons surplombant la campagne. Un camion et une moto transportant une douzaine de combattants du Hamas apparaissent à l'horizon. Une nouvelle vague de terroristes fond sur Mefalsim.

6 h 30 – Kibboutz Kfar Aza, à 2 kilomètres de la bande de Gaza

Avidor Schwartzman et sa femme Keren sautent du lit dans un tonnerre d'explosions causé par des roquettes, mais aussi par des obus de mortier – une arme rarement utilisée par le Hamas. C'est un bombardement inédit, plusieurs crans au-dessus des salves habituelles. Sans un mot, Avidor fonce dans la chambre de la petite, tandis que Keren court à la cuisine attraper couches, bouteille d'eau, en-cas, lingettes et même un sac à zip destiné aux selles… Le nécessaire pour tenir dans l'abri les quelques minutes, l'heure tout au plus, que durent habituellement les alertes.

Au bout d'une heure, ils voient sur Internet les premières vidéos de terroristes pénétrant dans la ville voisine, Sdérot. Un nouveau message de la sécurité du kibboutz leur intime de rester dans leur abri. Des tirs d'armes automatiques retentissent.

Avidor s'accroche dès lors de toutes ses forces à la poignée de la porte. Les portes de ces abris, conçus comme une protection antiroquette, peuvent s'ouvrir de l'extérieur au cas où les secours auraient besoin d'y pénétrer. Les Schwartzman ne le savent pas encore, mais les assaillants, qui sont au moins 70, dont certains arrivés en paramoteur, ont pris en embuscade l'unité de défense de Kfar Aza au moment où ses hommes se ruaient à l'armurerie. Le chef de la communauté, Ofir Libstein, est mort parmi les premiers.

6 h 30 – Kibboutz Nahal Oz, à 700 mètres de la bordure de Gaza

Un cri en arabe retentit : « Massacrons les Juifs ! » À l'intérieur de son appartement, Dan Ittah, un Franco-Israélien de trente-neuf ans, entend les rafales de kalachnikov, les tirs de roquettes et les explosions de grenades dont les fragments viennent percuter sa fenêtre. Il se réfugie dans sa pièce sécurisée, tente comme il peut d'en bloquer la poignée. Il a un couteau, mais pas d'eau. Sa voisine, angoissée à l'idée d'être seule, lui écrit pour lui demander si elle peut le rejoindre. Dan la somme de ne pas bouger. Assoiffé, il rampe jusqu'à sa cuisine et voit la silhouette d'un terroriste passer devant la fenêtre de son salon. « La chance qu'on a eue, contrairement à d'autres, dit-il, c'est que 11 soldats d'une unité d'élite des Magav, la police aux frontières, dormaient dans le kibboutz. Dès le matin, ils ont défendu le village. » À onze, ces policiers ont tué près de 100 terroristes. L'un d'eux a mis hors d'état de nuire 14 hommes avec un seul pistolet automatique Glock. Un soldat est mort, quatre ont été blessés. « C'est grâce à eux que les terroristes n'ont pas pu faire comme à Kfar Aza ou à Be'eri », relate Dan.

Quatorze habitants du kibboutz ont été tués. Trois adultes et deux enfants ont été emportés comme otages. Ofri Bargig, dix-huit ans, raconte comment des civils palestiniens sont ensuite arrivés dans le kibboutz. « Ils ont pillé les maisons, volé tout ce qu'ils pouvaient, des vélos, des tracteurs, des voitures, des bijoux… »

Tabou ? Depuis le 7 octobre, la participation de civils palestiniens aux exactions est évoquée du bout des lèvres. Pourtant, dès le jour même, impossible d'ignorer, sur les centaines de vidéos postées tant par des Palestiniens que par des Israéliens, la présence de nombreux jeunes hommes de Gaza, sans équipement militaire professionnel, en territoire israélien, parfois là même où ont été commises les pires exactions, sur le site du festival et dans certains kibboutz. En outre, des photographes d'agences ont pu eux-mêmes s'engouffrer dans les brèches ouvertes par le Hamas dans la barrière de sécurité[1]. Nombreux sont ceux, journalistes et anonymes, qui se sont contentés de documenter ou de célébrer ce qui leur apparaissait comme une « victoire », restant à l'arrière et prenant des selfies auprès d'un char Merkava incendié à quelques mètres de la bordure de sécurité.

D'autres ont poussé plus loin à l'intérieur. C'est le cas du photographe indépendant Hassan Eslaiah. Il fait partie de ces centaines de jeunes journalistes de Gaza qui ont fait leurs armes sur les conflits précédents. Leurs audiences sont mondiales, pour certains elles se comptent en centaines de milliers

1. L'affaire a été révélée par un groupe pro-israélien de veille et critique des médias, HonestReporting, qui dénonce les biais et erreurs des médias internationaux sur Israël. Voir https://honestreporting.com/photographers-without-borders-ap-reuters-pictures-of-hamas-atrocities-raise-ethical-questions/. Notant que les photographes palestiniens avaient documenté la percée du Hamas du 7 octobre dès les premières heures de la matinée, ce post de blog spéculait sur la possibilité que certains médias ou journalistes aient été prévenus à l'avance. Les agences internationales qui ont publié les travaux de ces Palestiniens ont vivement démenti, et toutes leurs productions sur le sol israélien datent d'après 8 heures, tandis que leurs réseaux sociaux les montrent découvrant les événements au fur et à mesure qu'ils se développent. Cependant, d'autres points très polémiques sur le travail des journalistes palestiniens ce jour-là n'ont pas été réfutés et

d'abonnés sur les réseaux sociaux, et ils travaillent à la fois pour des médias locaux, quasi tous pro-Hamas, et pour des médias internationaux.

Envoyées à l'agence Associated Press (AP), les images de Hassan Eslaiah, uniques au monde, permettent de suivre cette vague de civils jusqu'à Kfar Aza. Un live Facebook le montre à l'arrière d'une moto circulant sur les routes israéliennes. Il s'arrête au niveau du char en flammes : « Tous ceux qui se trouvaient à l'intérieur de ce char ont été faits prisonniers, il y a peu, par les brigades al-Qassam », s'enthousiasme-t-il. Peu après, il est parvenu jusqu'à la clôture de sécurité de Kfar Aza. Sur

---

posent toujours question. La totalité de ceux pointés du doigt par les Israéliens ont glorifié les événements sur les réseaux sociaux, et aucun n'a documenté, et encore moins dénoncé, les massacres et les prises d'otages de civils israéliens. Pour la plupart ils ont présenté les événements selon le narratif du Hamas : une attaque contre l'armée israélienne. Publiée par AP, une photographie du cadavre de Shani Louk, festivalière germano-israélienne, exhibée en grande partie dénudée à l'arrière d'un pick-up, est ainsi légendée en parlant d'un « soldat israélien ». Sa tenue ne laisse pourtant aucun doute sur le fait qu'il s'agissait d'une femme civile. Pour ce qui est du photographe Hassan Eslaiah, ses clients AP et CNN ont mis fin à leur collaboration suite à la révélation de son selfie avec le leader du Hamas Yahya Sinouar, de la vidéo live où il circule à l'arrière d'une moto dont un passager tient une grenade et de sa présence à Kfar Aza.

une première photographie, des dizaines de jeunes hommes, arrivés pour la plupart à bicyclette, sans armes, en tee-shirt, en short, en tongs, en casquette… se pressent pour se faufiler dans un trou étroit. Photo suivante : une maison israélienne du kibboutz brûle. Incroyable contrechamp. La banalité du mal, arrivée à vélo. Dans les rues de Gaza, des foules en liesse accueilleront ceux qui ramèneront des otages.

Lors d'une conférence de presse le 23 octobre, le commandement militaire israélien chiffrait cette « seconde vague » à plusieurs centaines, peut-être de milliers de civils palestiniens. Coup de maître pour les terroristes : ils ont ainsi rendu « complices » les simples Gazaouis aux yeux de nombre d'Israéliens – et réussi à enclencher un très large mouvement de soutien dans les opinions palestinienne et arabe, qui, loin de se distancier des crimes, oscillent entre négationnisme et surenchère génocidaire.

7 heures – Kibboutz Kissoufim, à 1,2 kilomètre de la bande de Gaza, secteur central

Les horizons arides du Néguev dans le dos, les abords plus verdoyants de la bande de Gaza face à lui, ce petit kibboutz agricole est accolé comme plusieurs à une garnison de Tsahal. Benny Hasson, soixante-six ans, y élève des poules. Les assaillants, environ 180 selon lui, ont submergé les défenses de la base. Ils s'en prennent alors aux douze ouvriers thaïlandais qui prêtent main-forte aux agriculteurs locaux pour les rudes travaux des champs. Les ouvriers se barricadent dans deux abris, six dans chacun.

Vers 7 heures, Benny Hasson, leur employeur, parti combattre à l'autre bout du kibboutz, perd le contact avec eux. Les terroristes allument des feux dans les voies d'aération. Dans l'un des deux bunkers, les Thaïlandais ont par chance un ventilateur qui souffle la fumée vers l'extérieur. Mais dans l'autre, les assiégés sont enfumés. Incapables de respirer, ils sortent, paniqués, et sont mitraillés. Au pied de la porte de l'abri, une tache de sang est toujours rouge et grasse, vingt-cinq jours après. Benny Hasson ne peut retenir sa colère : « Ils les ont découpés en morceaux. Ils travaillaient dans les poulaillers, avec les vaches, dans les plantations d'avocatiers, dans les champs. C'étaient des travailleurs qui envoyaient de l'argent à leurs familles. Maintenant, ce sont six familles qui ont tout perdu. »

En tout, 32 Thaïlandais trouvent la mort dans les massacres autour de la bande de Gaza. Vingt-cinq autres sont pris en otage. Dix-sept ont été libérés à partir du 24 novembre. Huit restaient détenus à Gaza début décembre. Dans le kibboutz Be'eri, une vidéo filmée par les terroristes montre un homme qui hurle frénétiquement « *Allahou akbar* » en martelant avec une bêche le cou d'un de ces travailleurs asiatiques.

7 h 15 – Ville d'Ofaqim, à 25 kilomètres à l'est de Gaza

L'officier de police Yigal Iluz, cinquante-six ans, termine sa garde de nuit quand les roquettes s'abattent. Ce colosse chauve, spécialiste du déminage, n'attend pas les ordres. Il fonce en direction de Réïm pour aider à évacuer les festivaliers de Supernova. En route, il apprend par la radio que des terroristes ont atteint sa ville. Il fait demi-tour, pied au plancher. La cité ouvrière de 35 000 habitants semblait hors de portée des combattants palestiniens. Pourtant, deux pick-up chargés d'hommes armés jusqu'aux dents y parviennent en moins d'une heure. « Vers 7 h 15, les terroristes arrivent dans notre quartier », raconte Melissa, une habitante de vingt-six ans. Sur le parking de sa résidence, sa petite voiture est éclaboussée de sang noir. Des dizaines de douilles d'armes automatiques jonchent le sol. « Une fois l'alerte antiaérienne levée, les terroristes ont tiré à l'aveugle sur les badauds sortant de leurs abris. J'étais à la fenêtre. Trois personnes ont été tuées devant mes yeux. La police a mis près de trente minutes à arriver ! » souffle Melissa.

Un peu plus loin, rue Ha-Tamar, la famille Bilya, des Juifs d'origine yéménite, est rassemblée chez la grand-mère, Michal, pour célébrer le shabbat. Les terroristes font irruption dans le salon, tirent au hasard. Les Bilya courent se réfugier à l'étage, d'où ils gagnent le toit pour fuir chez un voisin. Ariel, vingt-huit ans, l'un des fils de Michal, ferme la marche. Une vidéo de surveillance le montre en train de franchir l'embrasure d'une fenêtre. Une salve de coups de feu le fauche. Mortellement atteint, il s'effondre.

En quittant les lieux, les terroristes jettent une grenade dans le salon. Les préparatifs du shabbat – un chandelier à sept branches, un pain tressé et un livre de prières – sont pulvérisés. Deux chargeurs de kalachnikov sont abandonnés sur le comptoir de la cuisine. Le landau de l'un des petits-enfants, âgé d'à peine un mois, est consumé par les flammes.

Au même moment, le sergent-major Yigal Iluz parvient aux abords de la rue Ha-Tamar, rejoint par un collègue. L'arme au poing, ils avancent vers la ruelle, se couvrant mutuellement. Ils aperçoivent au loin le cadavre d'un passant. Ils pressent le pas.

Yigal avance devant, traverse une rue, mais alors qu'il longe un mur, un tireur embusqué l'abat d'une balle dans le cou. Il se vide de son sang. Son corps gît juste en face de la maison de Rachel et David Edri, deux sexagénaires chez qui cinq terroristes se sont barricadés. Un long siège commence.

Dans la maison, les coups pleuvent sur Rachel et David. *Savta* (« mamie » en hébreu) Rachel gagne du temps. Parlant arabe, cette Juive marocaine achète la clémence des tortionnaires à coups de gâteaux, de thé. Elle bavarde avec eux. « Vous me faites penser à ma mère », lui confie l'un d'eux. Il faudra l'intervention d'une section d'assaut des Yamam, la force spéciale antiterroriste d'Israël, à 3 heures du matin le dimanche, pour éliminer ce commando.

Près de quatre semaines plus tard, autour de la maison de Rachel et David Edri, toujours constellée d'impacts, se dressent des autels en mémoire des policiers tombés pour défendre le quartier. Un jeune homme allume des bougies sous celui du sergent-major Yigal Iluz. « C'était un pilier de la communauté, témoigne Noam, dix-huit ans, le benjamin du défunt. Tout le monde a pleuré en apprenant sa mort. » « Je vais faire mon service dans les Magav, la police aux frontières », promet le fils devant le portrait de son père.

7 h 30 – Festival de musique Supernova

Millet Ben Haim détale vers le désert avec ses amis. Les balles sifflent ; elle voit les fêtards abattus en pleine course : « Quand j'étais petite, je faisais ce cauchemar récurrent où quelqu'un me courait après pour m'enlever, je n'arrivais pas à courir assez vite et je finissais par être attrapée, se souvient-elle. C'était exactement ça. » Plusieurs fois, elle doit changer de cap en apercevant des groupes de terroristes face à elle, reconnaissables à leurs RPG et à leurs fusils AK47.

Comme Millet, Arbel Ashkenazy, vingt-quatre ans, est sortie de sa voiture avec deux de ses amies. Elle découvre une conductrice d'une vingtaine d'années au volant de sa Fiat rouge, la tête transpercée d'une balle. Elle a encore un peu de batterie et appelle la police. L'agent l'exhorte à courir vers l'est. Arbel court pendant environ quarante minutes avant de tomber sur un van blanc. « On ne savait pas si c'étaient des Juifs ou des terroristes, mais on s'est dirigés vers eux. » Vingt-cinq personnes sont entassées à l'arrière de l'utilitaire. Un garçon a reçu une balle dans la jambe. Une fille tente de lui poser un garrot. Elle s'évanouit. Des balles frappent la carlingue.

Yarin Amar, vingt-deux ans, est en train de courir quand les terroristes arrivent à son niveau. La jeune femme brune se retourne : un assaillant attrape le sac à dos de son ami où se trouve son téléphone portable. Il parvient à se dégager, laissant le sac aux mains du Hamas. Alors même qu'il ne sera pas pris en otage, un terroriste appelle ses parents : « Vous ne reverrez jamais votre fils, il est avec nous. » Partout, des hordes de prédateurs surgissent, mitraillant leurs proies.

Omri Lendler croise sur son chemin un pick-up blanc israélien, le hèle, monte à l'arrière. Ils tentent de trouver une issue. En route, des hommes avec des bandeaux verts du Hamas pointent leurs kalachnikovs sur eux. « On voit les balles fuser, percuter le sol. Une voiture de police s'arrête à notre niveau, nous informe qu'ils kidnappent des gens pour les emmener à Gaza. » À une intersection, ils aperçoivent de nouveau des terroristes à quelques centaines de mètres et font demi-tour. « Je vois un homme qui ne ressemble pas à un combattant, sans arme de guerre, poignarder un jeune festivalier au ventre et à la poitrine. Le sang gicle. L'assaillant sourit », se souvient Omri. De nombreuses vidéos témoignent d'hommes en civil venus se joindre aux combattants du Hamas. Plus tard, sur la route, Omri verra des corps perforés par des couteaux de cuisine ou troués par des balles. « L'air sentait le fer tellement il y avait de sang. » Il y a aussi ce jeune, dont le corps est si carbonisé qu'il « ressemble à un squelette ».

Ayant repris sa fuite à pied, Omri longe une voiture, reconnaît une plaque israélienne : « J'ouvre la porte côté passager, un garçon est assis, il a un trou béant dans la tête, des morceaux de cerveau éparpillés sur lui. » Il continue sa course folle, rampe en direction d'un buisson. « Je portais un tee-shirt vert trop visible, je l'enlève. Je creuse un trou dans la terre avec mes mains pour m'y cacher. » Tout près, il entend des salves de coups de feu, des cris : « *Allahou akbar !* » Il se force à rester face contre sol : « Les yeux, c'est ce qu'on repère le plus vite. »

7 h 46 – Tel-Aviv, Quartier général de l'armée

Le porte-parole de Tsahal confirme l'attaque : des terroristes « ont infiltré Israël depuis Gaza ». Il demande aux habitants des villages frontaliers et de Sdérot de se retrancher chez eux.

8 heures – Gaza

Une silhouette sombre apparaît sur l'écran d'Al-Aqsa TV, la chaîne du Hamas. L'homme dont le visage reste dans l'ombre se tient devant une carte de la Palestine allant de la mer Méditerranée jusqu'au Jourdain. Mohammed Deif, le chef des brigades Ezzedine al-Qassam, la branche armée du mouvement islamiste, lit un message préenregistré. Il annonce que « l'opération Déluge d'Al-Aqsa a commencé [...] en réponse à l'occupation et à la profanation de la mosquée Al-Aqsa » de Jérusalem. Il appelle les Palestiniens de Cisjordanie à « prendre les armes » et à organiser des actions contre les colonies pour « balayer l'occupant ».

Selon le quotidien américain *The Wall Street Journal*, des réunions secrètes avant les attaques auraient eu lieu au cœur de l'ambassade d'Iran à Beyrouth. Elles ont rassemblé les chefs de l'« Axe de la résistance » anti-israélienne : le secrétaire général du Hezbollah, Hassan Nasrallah, le commandant fondateur de la branche armée du Hamas, Saleh al-Arouri, le chef du Jihad islamique, Ziyad al-Nakhalah, et le chef de la Force Al-Qods (branche extérieure des gardiens de la Révolution), le général iranien Ismaïl Qaani.

Mais c'est à Gaza que le 7 octobre a été conçu, par deux hommes. D'abord par Mohammed Deif, cinquante-huit ans, chef des brigades Ezzedine al-Qassam, la branche armée du Hamas. De son vrai nom Mohammed Diab al-Masri, il a gagné ce surnom de « Deif » (l'« invité », en arabe), car il ne dort jamais au même endroit. Il est né en 1965 dans le camp de réfugiés de Khan Younès, dans le sud de l'enclave palestinienne. Après des études en sciences, ce membre du Hamas de la première heure passe plusieurs fois par la case prison, côté israélien et côté palestinien. On ne possède de lui que deux portraits datés de plus de vingt ans. Sous son commandement, débuté en 2002, il mène la vague d'attaques suicides de la seconde Intifada (2000-2005), l'essor des tirs de roquettes et la construction d'un vaste réseau de tunnels. Considéré de longue date comme l'ennemi n° 1 d'Israël – un État qui en compte beaucoup –, Mohammed Deif a réussi jusqu'à présent à tromper les services israéliens, échappant à pas moins de six tentatives d'assassinat. En 2014, un bombardement israélien a coûté la vie à sa femme et à ses deux enfants.

Le cerveau du 7 octobre est cependant le chef politique du Hamas à Gaza, Yahya Sinouar. Né en 1962, lui aussi à Khan Younès, sa vie résume l'histoire des Palestiniens. Sa famille a été expulsée d'Askhelon en 1948 et avait rejoint ce camp de réfugiés dans l'enclave alors contrôlée par l'Égypte puis passée en 1967 aux mains d'Israël. Dès les années 1980, il fait de la prison et s'enrôle dans le Hamas à sa fondation en 1987. Il conçoit les services secrets du nouveau parti, fait la chasse aux espions – ce qui lui vaut le surnom de « Boucher de Khan Younès » –, et enlève et tue des soldats israéliens. Arrêté par l'État hébreu, il est condamné quatre fois à la perpétuité. Il passe les vingt-deux années suivantes en prison en Israël à multiplier les tentatives d'évasion – et à survivre à une tumeur au cerveau grâce à une intervention chirurgicale israélienne en 2007, l'année où le Hamas s'empare de Gaza, à la suite du retrait israélien. Entretemps, il a appris l'hébreu et est devenu un interlocuteur privilégié de ses geôliers. À tel point qu'il négocie lui-même sa libération le 18 octobre 2011, au côté de 1 027 prisonniers palestiniens, en échange du soldat Gilad Shalit fait prisonnier cinq ans plus tôt. Certain d'aboutir, il s'était même refusé à renoncer par écrit à toute activité terroriste.

Libre, il prend la tête du bureau politique du Hamas en 2017 et est devenu le « visage du diable » pour Israël : un vieil homme maigre, les traits creusés, tendus, qui respire la haine des Israéliens et la détermination des Palestiniens à se venger d'un siècle d'humiliations. Pourtant, malgré cette image de dur, il coopère aussi pour le développement économique de Gaza – un leurre en préparation d'une attaque comme celle du 7 octobre ? En mai 2021, une dizaine de jours de bombardements israéliens semble laisser le Hamas de Sinouar affaibli. Mais le vieux chef a aussi gagné des soutiens, jusqu'en Cisjordanie, pour avoir pris la défense des Palestiniens de Jérusalem Est et de la mosquée Al-Aqsa, qui domine le mont du Temple et que les Palestiniens craignent de voir démolie par Israël. Dès lors, les Israéliens tombent dans son piège. Persuadés qu'il n'a pas les moyens de ses ambitions, ils baissent la garde.

À la suite du 7 octobre, l'armée israélienne a juré de ramener sa tête. Il se terre depuis dans ses tunnels. Son premier message, transmis fin octobre : ses conditions – « la libération de tous les prisonniers palestiniens des prisons israéliennes en échange de tous les prisonniers retenus par la résistance palestinienne ».

8 heures – Kibboutz Nir Oz, maison de Hadas Kalderon

Cachée dans son abri bétonné, cette mère de famille franco-israélienne de cinquante-six ans tente d'avoir des nouvelles de ses enfants Erez, onze ans, et Sahar, seize ans, qui dorment chez leur père, Ofer, cinquante-trois ans, dans une autre maison du village. Elle inonde le WhatsApp familial de messages, de cœurs rouges géants, de « Je vous aime » et d'appels à la prudence. « Je les entends, écrit Hadas à son ex-mari à propos des assaillants. J'ai peur, ils sont juste à côté de moi, j'espère que je survivrai. Ils sont vers chez toi. Prends soin des enfants. » Cinq minutes plus tard, leur fille Sahar alerte : « Maman, ils sont là. Maman, maman, maman ! » La porte de la maison d'Ofer ne résiste pas aux assauts. « Ils sont entrés, on s'est échappé par la fenêtre, on se cache dans un buisson », répond Ofer à Hadas, qui tremble de peur et de rage. Elle n'est pas en position de les aider. Elle lutte pour sa vie en bloquant désespérément la poignée de porte de son abri. Ses sept messages suivants à Ofer restent sans réponse. La batterie de son téléphone s'épuise. Autour d'elle, elle entend les terroristes « frapper aux portes, tirer sur les maisons, crier très fort en arabe ». « À ce moment-là, je suis dans le noir complet. Il n'y a que Dieu et moi. »

8 heures – Lac de Tibériade, à 200 kilomètres au nord de la bande de Gaza

Une douce atmosphère de vacances flotte dans l'air ce matin-là en Galilée. La région se trouvant hors de portée de la plupart des roquettes du Hamas, aucune alerte antiaérienne n'est venue déchirer le ciel d'azur. Trois Jet-Ski batifolent au milieu du lac. Une bande d'amis finit les bouteilles de la nuit en dansant sur un bateau. Sur la berge, les cars de touristes affluent vers le mont des Béatitudes, où Jésus aurait prononcé le Sermon sur la montagne. C'est en jetant un premier coup d'œil endormi à leurs smartphones que les habitants de Galilée apprennent que leur pays est en guerre.

8 h 23 – Jérusalem

Le gouvernement de Benyamin Netanyahou déclare l'état d'alerte générale. Il ordonne le rappel de plus de 300 000 réservistes.

8 h 30 – Tel-Aviv, consulat général de France

Le consul général de Tel-Aviv, Matthieu Clouvel-Gervaiseau, a été réveillé à 7 heures du matin par un appel de son adjoint. Mis en alerte par la pluie de roquettes, ils foncent au bureau, tirent un premier e-mail centré sur les consignes en cas de bombardements, immédiatement périmé alors que les premières images de l'invasion terrestre apparaissent. « Mon premier réflexe est l'incrédulité : je n'arrive pas à y croire, j'imagine des *fake news*, confie le diplomate. L'attaché militaire de l'ambassade appelle dans tous les sens pour vérifier l'information… C'est vrai ! Nous sommes abasourdis. À 8 h 30, nous envoyons un SMS à tous les Français des régions d'Ashkelon et à proximité de la bande de Gaza pour les alerter que le Hamas s'est infiltré, et leur enjoindre de rester chez eux. Nous avions les coordonnées de 350 Français sur place, pas celles de gens de passage ni des non-inscrits au consulat. »

9 h 27 – Base militaire de Nahal Oz

L'une des jeunes conscrites, Roni Eshel, envoie un message à sa mère : « Maman, je vais bien. Ne t'inquiète pas. Je suis descendue dans l'abri. On capte mal. » Puis un dernier : « Prends soin de toi. » Pour ne pas être repérée, la vingtaine de jeunes conscrites terrées dans la pénombre ne peut plus passer d'appels.

La sœur de Karina Ariev, Sacha, reçoit à son tour : « Si je ne m'en sors pas, occupe-toi de Papa et Maman ! Et sois heureuse dans ta vie. » Puis, un dernier message vocal : « Les terroristes approchent de l'abri. » L'audio s'achève sur une forte explosion. Finalement, six conscrites ont réussi à s'enfuir, dix ont été déclarées mortes et six sont portées disparues, dont Roni et Karina. À 19 h 48, les parents de cette dernière découvrent sur Internet une vidéo diffusée par les canaux du Hamas où le visage de leur fille captive apparaît furtivement. C'est la dernière preuve de vie dont sa famille dispose.

Parmi les bases proches de Gaza, seule celle de Zikim a tenu bon. Ailleurs, tous les soldats ont été massacrés ou faits prisonniers. Un temps crue prise en otage, Roni a en fait été tuée le 7 octobre. Son corps n'a été identifié qu'au bout d'un mois.

9 h 30 – Près du festival Supernova

Après deux heures de cavale, Millet Ben Haim a repéré un fossé et s'y jette, suivie de deux amies. Les garçons, eux, ne s'arrêtent pas. Ils s'en sortiront après des heures de course dans le désert. Épuisées, les trois filles se cachent sous des feuillages, près d'un buisson. Elles textotent fébrilement à leur famille. « Je suis heureuse de la vie que j'ai eue », écrit Millet. Les mitraillages se poursuivent, se rapprochent, parfois s'interrompent. Elle regarde le ciel bleu et les papillons qui batifolent. « Je mourrai ici, mais je serai heureuse que la nature ne soit pas souillée par le mal qui ronge l'humanité », pense-t-elle.

Grâce à leurs familles, les filles entrent en contact avec Rami Davidian, un fermier qui exfiltrera des dizaines de jeunes du festival dans son pick-up Toyota blanc, au péril de sa vie. Il leur promet de venir les chercher, en leur disant qu'elles le reconnaîtront à ses coups de klaxon. Millet n'a plus que 3 % de batterie, elle coupe son téléphone. Commence une attente interminable. Les groupes de tueurs ratissent la zone. Vers midi, les jeunes femmes en voient un s'arrêter à quelques mètres. Il ne les repère pas et repart. Vers 13 heures, Millet rallume son portable, supplie Rami de les trouver, lui demande sa localisation en direct, mais son téléphone s'éteint. Elle finit par entendre des klaxons. Rassemblant son courage, elle se redresse, aperçoit un pick-up Toyota blanc… Ce n'est pas Rami, mais d'autres sauveteurs, Leon Bar et son fils. Trois survivants s'entassent déjà à l'arrière, Millet et ses amies s'allongent sur eux. Le véhicule démarre en trombe. Elles seront exfiltrées de la zone, saines et sauves, mais le chauffeur, Leon, sera tué le lendemain au cours d'un autre sauvetage.

Des dizaines de sauveteurs improvisés ont ainsi limité l'hécatombe au péril de leur vie. Certains sont des personnalités politiques de premier plan, comme Yaïr Golan, ex-général et membre de la Knesset – un homme conspué il y a peu encore par la droite pour ses positions de gauche radicales. D'autres sont des Arabes d'Israël, horrifiés par les crimes du Hamas.

Youssef Zyadney, chauffeur de taxi basé à Rahat, la grande ville bédouine du sud d'Israël, a été un des tout premiers à porter secours aux jeunes, en plein milieu du massacre. Il a reçu à 7 heures du matin un appel téléphonique à glacer le sang. Au bout du fil, un groupe de clients qu'il a déposés la veille au festival Supernova le supplie de venir les récupérer le plus vite possible. « Ne bougez pas de votre cachette jusqu'à ce que j'arrive ! » leur répond-il au quart de tour avant de foncer vers son van.

Après vingt minutes de route à vive allure, un spectacle d'apocalypse s'offre à lui. Des dizaines de voitures gisent sur le bas-côté de la route, criblées de balles. Du sang macule les abris antiaériens disposés aux arrêts de bus. D'épais panaches de fumée noire s'élèvent à l'horizon et des rafales d'armes automatiques déchirent l'air. Une trentaine de jeunes fêtards apeurés, pour certains grièvement blessés, surgissent d'un bosquet et se ruent sur le véhicule. Youssef Zyadney les embarque et file vers l'arrière. Aujourd'hui célébré dans tout le pays, cet Arabe israélien refuse de se considérer comme un héros. Il s'inquiète surtout du torrent de commentaires haineux associés à son nom sur les réseaux sociaux. « Certains s'étonnent que j'aie risqué ma peau pour sauver des vies juives. C'est idiot : je n'ai fait que mon devoir en sauvant des êtres humains qui comptaient sur moi. Peu importe leur religion. Israël est mon pays et ils sont mes concitoyens. »

10 heures – Kfar Aza

Comme des essaims, les rafales virevoltent, tantôt lointaines, tantôt toutes proches. Keren Schwartzman finit par craquer : elle rampe jusqu'aux toilettes puis revient se terrer, en quelques secondes qui paraissent une éternité.

Le couple apprend que l'attaque n'est pas isolée, que plusieurs kibboutz voisins – Sa'ad, Be'eri… – sont tombés. « On n'y croyait pas, répète Avidor. Le credo, c'était que Tsahal était invincible. » Avec un tapis et un fer à repasser, ils bloquent la porte de l'abri. « Le groupe WhatsApp du kibboutz a explosé », résume Keren. Les appels au secours s'enchaînent. Certains cessent d'écrire. Les rumeurs vont et viennent sur les morts.

Réserviste dans une unité d'élite, Tommy, un ami d'Avidor, leur dit de tenir bon : « J'ai été appelé. J'arrive avec mon unité ! » Les heures passent mais personne ne vient. La famille oscille entre la terreur et tout ce qui les raccroche à la vie. « Ça ne te manque pas, le Covid ? » rigole Keren. Sa'ar, le bébé, sourit toujours, joue dans une poêle à frire. Ses couches débordent. À un moment, sa mère s'exclame : « Oh, regarde ! » Pour la première fois, la petite s'est relevée toute seule.

Peu après 16 heures, les parents de Keren, Cindy et Igal Flash, ne répondent plus. Leur fille ne comprendra que quelques jours plus tard ce qui leur est arrivé. À 16 h 59, sa mère a envoyé un message à d'autres voisins : « Ils entrent dans notre maison. Venez nous aider. » Un dernier texto, à 17 h 02, les prévient : « Ils entrent dans l'abri. » Les tueurs font du pavillon, en surplomb de la clôture qui fait face à Gaza, une sorte de QG. « Il venait d'être rénové, et du toit on voyait la moitié du kibboutz », se souvient Keren. Il faudra plus de deux jours à Tsahal pour reprendre la maison et découvrir les corps des parents.

10 heures – Kibboutz Be'eri,
à 4 kilomètres de la bordure de Gaza

Une âpre bataille oppose 12 hommes de l'équipe de sécurité du kibboutz, postés à une dizaine d'endroits distincts, à plus de 250 terroristes venus de Gaza. Parmi les défenseurs, Rami Gold, soixante-dix ans, un ancien militaire à la carrure imposante. Il s'est jeté dans la fusillade quelques heures plus tôt. Alerté par un coup de téléphone d'un membre de l'équipe de secours qui déplore un premier blessé, il accourt et trouve le garde à terre, en train d'expirer. D'instinct, Rami Gold se baisse et ramasse son fusil d'assaut. L'affrontement va durer près de douze heures. Les commandos du Hamas ont avec eux des plans précis des lieux.

En milieu de matinée, quatre terroristes entrent chez Elie Carasanti, quatre-vingt-treize ans, qui vit seul avec son aide à domicile. « Quand ils ont débarqué, ils ont cassé la porte de l'abri où j'étais caché avec la dame qui s'occupe de moi. Ils l'ont attachée et m'ont dit en anglais qu'ils allaient me tuer. » Ancien militaire, fait prisonnier par l'armée égyptienne durant la guerre du Kippour il y a cinquante ans, Elie Carasanti essaie tant bien que mal de parlementer : « Je leur ai dit que je n'étais pas un combattant, mais un vieux monsieur. » Pendant deux heures, les assaillants saccagent sa maison, frappent tout ce qui bouge. Il manque d'être emmené en otage. « Comme je marche difficilement, je n'allais pas assez vite, alors ils ont pris la dame qui m'aide. Mais la voiture qui devait partir pour Gaza était tellement pleine de gens qu'ils l'ont relâchée… » Réfugié chez des voisins, le vieil homme voit les assaillants mettre le feu à sa maison et le toit s'effondrer sur ses souvenirs.

Vers 10 heures – Tel-Aviv

Daniel Toledano, trente-deux ans, se réveille doucement en ce jour férié. Peu en phase avec sa génération, il n'utilise aucun réseau social. Quand deux amis le préviennent des événements, il ne s'affole pas. « Ce n'est pas une blague, Daniel, c'est du sérieux », lui assurent-ils, en joignant les images des corps de soldats criblés de balles qui circulent en ligne. Ce Franco-Israélien dont la mère est originaire de Strasbourg tente alors en vain de joindre son petit frère Eliya, un organisateur de mariages âgé de vingt-sept ans. Les heures passent. Inquiet, il se rend chez son cadet, escalade la façade jusqu'au deuxième étage, frappe à la fenêtre. Pas de réponse. Une proche finit par lui annoncer au téléphone qu'Eliya était au festival Supernova. Daniel est effondré. Un autre interlocuteur lui dit qu'une Franco-Israélienne, Mia Schem, l'accompagnait. À 8 h 02, celle-ci a envoyé un message vocal à ses proches : « On se fait tirer dessus, aidez-nous ! »

Daniel retrouvera quelques jours plus tard la voiture de son frère à quelques kilomètres du lieu de la fête. Il en déduit que Mia et Eliya sont tombés dans une embuscade. Des impacts de balles strient la portière de la voiture. Le 16 octobre, le Hamas publie la toute première vidéo d'une otage vivante : Mia Schem. Depuis, Daniel se dit obligé de « scinder son esprit en deux » : une moitié s'efforce de tout mettre en œuvre pour retrouver son frère ; l'autre se prépare à apprendre sa mort. Le 30 novembre, Mia Shem a été libérée par le Hamas, juste avant son frère Itay. Le 15 décembre, Tsahal a annoncé avoir retrouvé le corps d'Elya dans Gaza.

Vers 10 heures – Bande de Gaza

Les massacres battent leur plein et les tout premiers otages sont à peine en route vers l'enclave quand les premières bombes israéliennes tombent sur Gaza vers 10 heures du matin. Peu de temps après, des hôpitaux signalent des morts et des blessés. Les salves de roquettes et les massacres commis lors de l'invasion terrestre du territoire israélien n'ont duré pour l'essentiel qu'une poignée d'heures et sont restés quasi invisibles à la population civile palestinienne. À ses yeux, c'est de toute manière le camp d'en face qui est l'agresseur, par la colonisation en Cisjordanie et *in fine* la Nakba, l'expulsion de 700 000 Palestiniens en 1948 du territoire d'Israël. D'autant que beaucoup nient en bloc que des civils israéliens aient été ciblés et tués le 7 octobre. Pour les Gazaouis, l'histoire de cette nouvelle guerre est donc d'abord voire uniquement celle de bombardements meurtriers sur l'enclave palestinienne. C'est d'ailleurs tout le but de l'opération du Hamas : pousser Israël à bombarder et contre-attaquer, puis utiliser les pertes civiles palestiniennes pour mobiliser en Palestine et dans le monde contre l'État hébreu. « Devrons-nous en payer le prix ? Oui, et nous sommes prêts à le payer. Nous sommes appelés une "nation de martyrs", et nous sommes fiers de sacrifier des martyrs », se flattera Ghazi Hamad, un membre du bureau politique du Hamas, dans une interview de la chaîne libanaise LBCI diffusée le 24 octobre. Les chefs du Hamas avaient tout à fait conscience des conséquences de leurs actes pour la population civile palestinienne [1].

1. Voir en particulier Shira Rubin et Joby Warrick, « Hamas Envisioned Deeper Attacks, Aiming to Provoke an Israeli War », *Washington Post*, 13 novembre 2023.

Vers 11 heures – Kibboutz Mefalsim

Un tueur téléphone à sa famille à Gaza. Il se vante d'avoir massacré « dix Juifs ». « Je les ai tués de mes propres mains », proclame, au comble de l'excitation, un dénommé Mahmoud, qui dit être à Mefalsim. Il raconte qu'il appelle avec le portable d'une Israélienne assassinée. Son père, sa mère, son frère le félicitent tour à tour. Il les incite à regarder les photos qu'il leur a envoyées par WhatsApp. « Maman, ton fils est un héros ! » lance-t-il. « J'aurais aimé être avec toi », répond la mère. L'enregistrement audio de l'appel sera publié par l'armée israélienne le 24 octobre.

Les premiers soldats parviennent à Mefalsim à 11 heures du matin. Noam Kazaz et son groupe d'autodéfense ont tiré des centaines de balles et résisté pendant quatre heures aux assauts du Hamas. Ils ont évité un massacre. « Lorsque j'ai arrêté de tirer, je tremblais de tout mon corps », dit Noam. L'homme récupère sa famille terrée dans l'abri. L'une de ses filles est évanouie, déshydratée. Terrorisée par le bruit des combats, terrassée par la peur de voir son père tomber sous les balles ennemies, elle n'a cessé de vomir et de se vider tout au long de la matinée. Les 1 000 habitants de Mefalsim ont été sauvés par Noam et ses compagnons. En revanche, aux abords du kibboutz, plusieurs festivaliers de Supernova qui tentaient de s'y réfugier ont été pris en embuscade par les terroristes. Sur une vidéo de surveillance du portail d'entrée du village, on voit un tueur s'acharner à coups de crosse sur un corps à terre.

11 h 35 – Première prise de parole de Benyamin Netanyahou

« Ce matin, le Hamas a lancé par surprise une attaque meurtrière contre l'État d'Israël et ses citoyens [...]. J'ai ordonné une mobilisation des réserves et une riposte d'une ampleur encore jamais vue. L'ennemi va payer un prix sans précédent. [...] Nous sommes en guerre et nous allons gagner. » Dorénavant le Premier ministre joue son poste. Depuis des mois, de hauts responsables militaires l'alertaient : les projets terroristes risquaient de profiter de l'instabilité politique en Israël. En juillet, le chef d'état-major, le général Herzi Halevi, avait demandé un entretien ; Netanyahou avait refusé de le recevoir. « Nous devons être préparés à un conflit militaire de grande échelle sur plusieurs fronts », a encore affirmé Halevi lors d'une cérémonie le 11 septembre. Des proches de Netanyahou avaient condamné à la télévision les propos « alarmistes » du chef militaire.

Depuis sa première victoire électorale en 1996, dans un contexte, déjà, d'attentats islamistes meurtriers visant la population civile, Benyamin Netanyahou a fondé son exceptionnelle longévité politique sur l'argument selon lequel il était le meilleur rempart contre les ennemis d'Israël. L'échec sécuritaire du 7 octobre n'en est que plus dévastateur pour sa réputation. Groggy, il a attendu vingt et un jours pour se présenter devant les journalistes. Et lorsqu'il a accepté finalement d'affronter leurs questions, le soir du 28 octobre, il a refusé tout *mea culpa*, préférant faire porter l'entière responsabilité du drame aux chefs militaires et aux patrons des services de renseignement. Face au tollé suscité par ses propos et à la clameur générale d'indignation, il a retiré son accusation quelques heures plus tard. Le Premier ministre est en sursis.

Quatre Israéliens sur cinq, selon un sondage du quotidien *Maariv*, jugent que Netanyahou devrait assumer sa responsabilité dans le cataclysme. De fait, en tant que chef du gouvernement pendant treize des quatorze dernières années, il a pris sa part dans le triple choix fatidique de laisser le Hamas gouverner Gaza, d'enterrer les pourparlers de paix avec l'Autorité palestinienne et de se concentrer au contraire sur la normalisation des relations avec certains États arabes.

Les scandales de corruption, qu'il a niés mais pour lesquels il est toujours en cours de jugement, son alliance avec l'extrême droite qui l'a poussé à concentrer les ressources sécuritaires du pays sur la protection des colons juifs en Cisjordanie, puis sa très controversée réforme de la justice, ont amplement fourni à ses opposants matière à protestation. Mais il n'a jamais lâché de lest.

Dans les rangs de l'armée, son image est écornée. Lorsqu'il a rendu visite, quelques jours après le 7 octobre, à l'unité d'élite des forces spéciales Sayeret Matkal dans laquelle il a lui-même servi au début des années 1970, plusieurs officiers se sont abstenus de se lever pour le saluer. « Les deux points les plus bas de la planète sont en Israël : la mer Morte et l'attitude de Benyamin Netanyahou », écrit le quotidien de gauche *Haaretz*, qui ne retient plus ses coups.

Alors qu'il doit gérer la pire prise d'otages de l'histoire, d'aucuns lui renvoient l'exemple de son frère Yonatan Netanyahou, héros national mort lors du raid d'Entebbe en 1976, en menant les forces spéciales qui réussirent à sauver 102 des 105 otages d'un vol Air France détourné. Pour beaucoup, Bibi, obsédé par sa propre personne, ne pourrait être à la hauteur.

Le Premier ministre parviendra-t-il, une fois encore, à survivre politiquement ? Tout dépendra, à terme, de l'issue de la guerre et des libérations d'otages. En attendant, le réflexe d'union nationale de la population meurtrie joue en sa faveur.

Vers midi – Sud d'Israël

Les unités appelées en renfort se déploient tout autour de Gaza. Les militaires ont été pour la plupart pris au saut du lit, en pleines vacances de Souccot. Shana, une lieutenante de vingt-trois ans, est de ceux-là. La jeune femme a quitté en hâte la maison de ses parents, à Kfar Saba, en banlieue de Tel-Aviv, pour prêter main-forte aux troupes mobilisées non loin de la frontière égyptienne. Elle plonge pour la première fois dans la fournaise de la guerre. « Avec mes soldats, on a combattu une vingtaine de terroristes. Certains d'entre eux étaient en tongs, ce qui pourrait indiquer que des civils palestiniens se sont engouffrés dans le sillage des combattants du Hamas », raconte Shana. L'armée, réputée invincible, a été humiliée par quelques milliers de combattants. « Il est plus clair que jamais que nos ennemis veulent tuer le peuple d'Israël. Nous devrons à l'avenir être toujours prêts face à la menace, y compris la nuit et pendant le shabbat. »

Le 6 octobre 1973, déjà, pendant le jour de jeûne de Yom Kippour, les États arabes avaient attaqué Israël. Cinquante ans plus tard, l'effet de surprise est encore une fois total. Les effectifs militaires étaient concentrés sur la Cisjordanie, autour des colonies et sur la frontière du Liban, d'où l'on craint plutôt une provocation du Hezbollah et de son parrain l'Iran. La menace du Hamas était lourdement sous-estimée.

Une enquête du *New York Times* parue le 30 novembre 2023 [1] révèle que plus d'un an avant l'attaque, les services israéliens avaient pourtant mis la main sur un document du Hamas, un plan de bataille d'environ quarante pages au nom de code évocateur : le « Mur de Jéricho », en référence à cette ville de Judée décrite dans la Bible dont les Hébreux font s'effondrer les murs en sonnant les « trompettes de Jéricho ». Le texte du Hamas, prophétique, s'ouvrait sur une citation du Coran : « Prenez-les par surprise, par les portes. Si vous le faites, vous vaincrez à coup sûr. » Il prévoyait point par point les grandes étapes de l'opération exécutée

---

1. Ronen Bergman et Adam Goldman, « Israel Knew Hamas's Attack Plan More Than a Year Ago », *New York Times*, 30 novembre 2023.

le 7 octobre : un barrage de roquettes pour faire diversion, des drones pour neutraliser les caméras de sécurité et les mitrailleuses du mur de sécurité, 60 points potentiels pour ouvrir des brèches dans celui-ci, et des centaines d'hommes armés pour déferler en masse sur Israël en parapente, à moto et à pied… Avec pour cibles principales le quartier général de la division de Gaza à Réïm et les localités civiles de l'enveloppe de Gaza. D'autres plans plus anciens mentionnaient aussi des prises d'otages.

De tels fantasmes d'assaut généralisés sur le territoire d'Israël étaient un secret de polichinelle et s'affichaient même publiquement à Gaza. Ainsi, *Le Poing des hommes libres*, une série palestinienne diffusée quelques mois à peine avant l'attaque sur la chaîne de télévision de Gaza Al-Quds, avait déroulé un scénario semblable : plusieurs milliers de combattants infiltraient les villages frontaliers, des drones équipés de bombes ravageaient les villages et casernes de l'État hébreu et des prises d'otages massives permettaient au Hamas de se faire justice des torts infligés par Israël aux Palestiniens.

La question n'était donc pas de savoir si le Hamas pouvait imaginer ou envisager un tel plan, mais de déterminer s'il était capable de le mettre à exécution. Or les entraînements de sa branche armée visaient précisément à cela.

En juillet 2023, l'analyste du renseignement militaire israélien à l'origine du rapport sur les derniers exercices militaires du Hamas s'était explicitement référée à ce plan découvert un an plus tôt et surnommé le « Mur de Jéricho ». Elle notait d'ailleurs que la même citation du Coran que celle qui formait l'incipit du document avait été prononcée durant les répétitions du Hamas ! Confrontée à la réserve de sa hiérarchie, elle avait prévenu, en rappelant la guerre du Kippour de 1973 : « Nous avons déjà eu une expérience semblable il y a cinquante ans sur le front sud en lien avec un scénario qui paraissait imaginaire, et l'histoire pourrait se répéter si nous ne sommes pas prudents. »

Pourquoi cette alerte très circonstanciée n'a-t-elle pas incité le commandement à renforcer les défenses autour de Gaza ? « Il ne fait pas de doute que l'attaque surprise du 7 octobre est un échec colossal, confie Israël Hasson, l'ancien numéro deux du Shin Bet. Les raisons de cet échec sont nombreuses. Elles sont techniques, opérationnelles et conceptuelles. Le système sécuritaire connaissait en détail et avec précision les plans de l'ennemi. Mais il s'est trompé sur la prévision de la date de l'attaque. Il y a de nombreuses raisons à cela, qu'il est trop tôt pour évoquer. »

De fait, le Hamas n'avait pris part à aucune attaque depuis un an. « Nous voulions tous croire que le Hamas était faible et que nous l'avions dissuadé d'attaquer », a reconnu le général Barak Hiram, commandant de la 99e division.

Milieu de journée – Secteur de Sdérot

Les ambulanciers de l'organisation privée Zaka, qui collectent les restes humains lors d'incidents violents, ont exceptionnellement rompu le repos hebdomadaire sacré. Orthodoxes, ils auraient dû attendre la fin du shabbat pour se mettre en route. « J'ai décidé qu'il n'était plus temps pour moi de rester à la maison ! » dit leur chef, Yossi Landau, cinquante-cinq ans. C'est un homme dur comme un roc, inébranlable, qui a tout vu depuis qu'il a fondé il y a trente-trois ans ce groupe d'ambulanciers volontaires qui collecte les cadavres et les restes humains lors des meurtres et attentats en Israël. Et pourtant, il fond en larmes en racontant la tragédie du 7 octobre.

Le terrorisme, il en connaît mieux que quiconque les horreurs, lui qui a créé son organisation à la suite d'une attaque contre un bus où 17 civils israéliens avaient été tués. Devenue incontournable, Zaka compte aujourd'hui 1 500 employés et bénévoles en Israël, 700 à l'étranger. Yossi Landau a fait le tour du monde pour des opérations de sauvetage lors de catastrophes ou de massacres, à Haïti, en Turquie ou encore à Bombay après les attentats de 2008… Juif orthodoxe, ce père de dix enfants est aussi le patron d'une entreprise de fret internationale, avec des bureaux à Londres et à New York où il se trouvait le 11 septembre 2001. Après l'attentat, il s'était précipité dans la tour n° 2 du World Trade Center pour aider à évacuer les employés. « L'immeuble s'est effondré sur moi, évoque-t-il. J'ai été pris au piège sous les décombres durant des heures. »

Arrivé à Sdérot dans la matinée, il découvre le carnage, des habitants abattus en pleine rue, d'autres tués dans leur véhicule… Lui et ses hommes stabilisent et évacuent d'abord des blessés. Un terroriste surgit, les secouristes l'abattent. Ils poursuivent leur route vers le sud. Près de Mefalsim, Yossi Landau pénètre dans un abri : « À l'intérieur, vingt personnes étaient enlacées pour se protéger ; elles ont toutes été brûlées vives. »

La route est jonchée de cadavres et de voitures prises en embuscade. « C'est un tronçon de route qui aurait dû prendre entre quinze et vingt minutes à parcourir. Ça a pris à nos volontaires, alors que nous étions exposés à des tirs, onze heures…

Onze heures pour nettoyer, et pas totalement, tout ce que nous pouvions. » Et c'était avant d'arriver dans les kibboutz. À Be'eri, Yossi Landau et 50 volontaires de Zaka entament un travail qui va durer plus de deux semaines, sur les routes et dans les localités de toute l'enveloppe de Gaza. Chaque maison renferme des abominations : familles entières torturées et assassinées, femmes éventrées ou à l'évidence violées, têtes décapitées, corps (dont un bébé) défigurés ou carbonisés… La religion juive dictant de collecter absolument tous les restes humains jusqu'aux éclaboussures de sang, il faut gratter au sol et sur les murs et recueillir les cendres qui se sont déposées partout dans les maisons incendiées avec leurs occupants. Une fois la tâche accomplie sur les victimes israéliennes, il leur faut encore s'occuper des centaines de cadavres des terroristes. Ses hommes débattent pour savoir s'il faut aussi ramasser les corps de ces assassins. Landau a mis un point d'honneur à le faire. « Ce n'est pas juste une question de respect des principes de la religion juive, explique-t-il. Dans toutes les cultures, il faut respecter toute vie, quoi qu'il en reste, qui a été créée par Dieu. »

12 h 23 (11 h 23 en France) – Versailles, France

Comme chaque week-end, Emmanuel Macron s'est retiré avec son épouse à la Lanterne, résidence des présidents de la République dans le parc du château de Versailles. Le secrétaire général de l'Élysée, Alexis Kohler, le prévient qu'une attaque d'ampleur vient de frapper Israël. Le président s'entretient avec le général d'armée Fabien Mandon, chef de l'état-major particulier. Sa cellule diplomatique, pilotée par Emmanuel Bonne, s'active.

« Toute la machine se met en branle », raconte un membre du pôle. Au ministère des Affaires étrangères, le directeur de cabinet de Catherine Colonna, Luis Vassy, a été alerté par l'ambassade de France en Israël, d'abord pour des « tirs de roquette ». « On comprend très vite que c'est bien plus massif », narre un acteur du dossier. La ministre appelle Eli Cohen, son homologue israélien. La cellule de crise est activée.

Benjamin Smith, le P.-D.G. d'Air France, est sollicité pour affréter des vols. En tout, 3 700 Français ou binationaux seront rapatriés.

En fin de matinée heure française, Emmanuel Macron déclare sur les réseaux sociaux qu'il « condamne fermement les attaques terroristes qui ont frappé Israël ». Et il exprime sa « pleine solidarité avec les victimes, leurs familles et leurs proches ». En début d'après-midi, il précise qu'il s'est entretenu avec le président puis le Premier ministre israéliens.

À l'ambassade de France à Tel-Aviv, la trentaine d'employés déboulent en renfort. Ils identifient les urgences les plus critiques : au moins trois familles « en grave danger » dans les kibboutz et des jeunes Franco-Israéliens présents au festival Supernova. « Une cellule contacte tous les hôpitaux pour recenser les blessés, détaille Matthieu Clouvel-Gervaiseau. Une autre harcèle l'armée et la police pour qu'on retrouve nos Français. Une troisième répond aux appels et fait le lien avec les familles, un groupe s'occupe des lycées, des écoles, une autre répond aux Français de passage, qui sont totalement perdus… On utilise tous les bureaux. L'ambassade, le service de presse, le service culturel, la mission économique, les stagiaires, les volontaires internationaux, tout le monde est là, pendu au téléphone. »

Nul dans l'équipe n'est prêt à un tel événement. « Le premier choc, à titre personnel et collectif, reste la violence de ce qui nous remonte du terrain, admet Matthieu Clouvel-Gervaiseau. Nous l'avons immédiatement signalé au ministère... Et l'avons prévenu de la violence des images et des vidéos qui allaient arriver en France dans les heures, jours et semaines à venir. On a senti tout de suite que c'était d'une inhumanité sadique, d'une violence et d'une barbarie jamais vécues depuis très, très longtemps. (...) Nous nous sommes tous, à un moment donné, isolés dans un bureau vingt minutes pour reprendre nos esprits. »

Le bilan établi en quelques heures est celui de l'attentat le plus meurtrier pour des citoyens français depuis Nice en 2016 : « Au soir du 7 octobre, nous recherchons encore 40 à 45 personnes. Mes équipes harcèlent la Croix-Rouge, les hôpitaux, elles font le tour des stations de police... Côté israélien, nos interlocuteurs sont débordés. Nous devons prendre 30 ou 40 décisions par heure. » Le consul termine sa journée à bout de nerfs : « À l'extérieur, les rues de Tel-Aviv sont désertes. La sidération a mis tout le monde à genoux. Notre chauffeur, dont la voiture a été frappée par des missiles, n'a pas pu se déplacer. Alors quand la nuit tombe, je décide de ramener chez eux mes collaborateurs. Je conduis très mal, c'est une catastrophe. Ils hurlent : "Mais tu fais n'importe quoi, tu vas nous tuer !" et ils ont raison... Je tourne en rond, je les raccompagne en me perdant sans cesse, et on rentre se coucher très tard. »

14 heures – Festival de musique Supernova

Le cœur du site du festival a été durant sept heures un véritable enfer. La curée s'est achevée en boucherie. Sur une vidéo prise par les terroristes, l'un d'eux jette une grenade dans un abri antiaérien où s'étaient entassés des festivaliers. Dans une autre, des blessés sont balancés comme de la viande à l'arrière d'un pick-up. Les hommes armés continuent de les frapper en les chargeant. Emportant leurs otages à Gaza, ils ont laissé derrière eux un carnage digne d'Attila.

Un policier israélien a filmé son arrivée sur le site : une multitude de corps ensanglantés gisent sous le soleil, enchevêtrés, désarticulés. La voix étranglée, il appelle les survivants à se signaler, en vain. Derrière le bar, près des congélateurs dans lesquels de nombreux jeunes ont essayé de se cacher, plusieurs dizaines ont été massacrés. Visages figés, ils sont comme des poupées de chiffon, leurs membres disloqués. Une jeune femme, sur le dos, est si durement touchée qu'elle est méconnaissable, son visage a disparu. Un peu plus loin, une autre a la tête renversée, la nuque brisée. Au total, d'après une enquête de police révélée par *Haaretz* mi-novembre, 364 Israéliens ont été tués sur le site du festival.

Outre les meurtres par centaines, plusieurs témoignages collectés par la police israélienne attestent désormais de viols et de sévices sexuels. « Pendant des heures, je me suis caché et j'ai entendu des femmes être kidnappées, violées, sans fin j'entendais des gens mourir, implorant pour leur vie, a détaillé Gad, l'un des témoins interrogés dans cette enquête judiciaire. Et je ne pouvais faire aucun bruit, sinon ils m'auraient pris moi aussi. » Une autre jeune survivante abonde dans le même sens : « Des femmes ont été violées sur le site du festival, parfois près des corps de leurs amis morts. Beaucoup de ces victimes de viol ont ensuite été exécutées. D'autres ont été emmenées à Gaza. »

Des vidéos et photographies d'otages ou de cadavres confirment ce déchaînement sur les femmes. Des images prises par un photographe palestinien de l'agence canadienne Associated Press (AP) montrent par exemple le corps d'une jeune femme largement découvert, jeté à l'arrière d'un pick-up, cerné de combattants triomphants et exhibé à leur entrée dans Gaza. Il s'agit de Shani Louk, Israélo-Allemande de vingt-deux ans. Une blessure fatale à l'arrière du crâne est nettement visible. Violée puis abattue ? Impossible à déterminer, alors que les Israéliens n'ont pas pu récupérer le corps. A minima, elle aura été achevée et traînée ainsi comme un trophée sexuel.

Figurant dans la compilation constituée par Tsahal à destination d'abord de la presse internationale, une autre vidéo du corps d'une jeune festivalière en partie calciné semble trahir une scène de viol. Sa jupe noire est remontée à sa taille, son sexe exposé, ses jambes écartées.

Les terroristes se sont aussi déchaînés sur les femmes dans les bases militaires où travaillaient nombre de jeunes conscrites assignées à la surveillance de la frontière. Les personnels de la morgue qui ont traité les milliers de cadavres du 7 octobre ont constaté des séquelles sur les corps de nombreuses victimes. Sheri, une architecte de métier, s'est occupée des corps de jeunes soldates et décrit « des sous-vêtements déchirés, ensanglantés, des planchers pelviens brisés, des membres inférieurs cassés »…

Dans les kibboutz, le long des routes ou au milieu des champs, des corps de femmes à l'évidence violées seront retrouvés les jours suivants l'attaque. Les images de certaines otages ont également conduit à supposer des violences sexuelles. Dans une vidéo prise à Gaza qui a marqué les esprits, une jeune femme, les mains ligotées dans le dos, est ainsi descendue du coffre d'un 4×4 *manu militari*. Visiblement sous le choc, elle porte un jogging gris maculé d'une large tache de sang au niveau de l'entrejambe ayant coulé sur ses cuisses, peut-être des saignements suite à un viol. Ses tendons d'Achille ont été sectionnés pour l'empêcher de fuir.

Malgré l'accumulation de ces éléments accablants, des téraoctets de vidéos et des centaines de témoignages directs de survivants décrivant précisément et *in situ* les crimes commis par les combattants palestiniens, les théories du complot niant ou minimisant ces massacres continuent de rencontrer un très fort écho à l'échelle mondiale, et en particulier dans les opinions arabo-musulmanes. Les Israéliens perçoivent ce déni massif comme un « négationnisme en direct ».

L'une de ses variantes les plus populaires prête aux Israéliens la responsabilité de la majorité de leurs pertes civiles, en montant en épingle des incidents lors desquels les forces israéliennes ont pu tuer par erreur un nombre limité de civils, dans des tirs amis. L'article de *Haaretz* révélant les détails de l'enquête de police sur le massacre du festival

Supernova [1] a été en particulier massivement partagé et détourné dans ce sens par l'Autorité palestinienne, des personnalités arabes de premier plan et des polémistes antisionistes occidentaux.

Comment ? Après avoir établi précisément les horreurs des massacres commis par les terroristes, l'article du journal de gauche israélien révèle que le rapport de police confirme qu'un hélicoptère israélien a tiré sur des véhicules de Palestiniens se repliant vers Gaza, et « pourrait avoir tué quelques otages ». Mais en aucun cas ce possible raté n'implique que Tsahal soit responsable de la totalité ni même d'une part significative des 364 tués du site du festival. Le rapport de police reste au conditionnel, n'ayant probablement pas pu déterminer précisément la cause de la mort de certains otages en chemin vers Gaza ; et cette affaire de l'hélicoptère ne concerne qu'un nombre très réduit de morts par rapport à l'ensemble de la tuerie.

De même, dans certains kibboutz comme à Be'eri, des civils ont pu être victimes de tirs amis lors de leur libération, comme en ont témoigné certains survivants. Mais ces tragédies sont inévitables dans des combats où la population civile se

1. Josh Breiner, « Israeli Security Establishment : Hamas Likely Didn't Have Advance Knowledge of Nova Festival », *Haaretz*, 18 novembre 2023.

retrouve prise au piège, qui plus est quand ils sont doublés de prises d'otages chaotiques, et constituent quoi qu'il en soit une part marginale du bilan total de civils assassinés le 7 octobre.

Ironie de l'histoire : ces théories du complot s'appuient sur la transparence des Israéliens, que ce soit dans leurs enquêtes officielles ou dans leurs témoignages, qui, loin de dissimuler cette question difficile, souhaitent faire toute la lumière dessus.

14 heures – Gaza

Le festivalier Evyatar David, vingt-deux ans, est tombé entre les mains des combattants du Hamas qui l'ont emmené à Gaza. Dans une première vidéo tournée par des terroristes et retrouvée par sa sœur Yeela, on le voit jeté dans le coffre d'un pick-up blanc. Il a les mains attachées dans le dos, son corps est ligoté avec celui de deux autres jeunes. Les terroristes les frappent à coups de crosse. Leurs tee-shirts sont déchirés, leurs corps couverts de plusieurs plaies ensanglantées.

On voit aussi Evyatar dans une pièce sans fenêtre, à même le sol, filmé à la lumière d'un téléphone, avec quatre autres jeunes. Ils ont les yeux écarquillés, tremblent de terreur, se protègent comme ils peuvent de leurs mains entravées. On découvre, dans une autre séquence, Evyatar à Gaza, torse nu, la nuque encadrée par le bras d'un terroriste, une cagoule noire et un fusil d'assaut. Il est exhibé dans les rues de Gaza, violenté devant des civils en liesse.

Il s'était rendu au festival Supernova avec quatre amis. Deux ont été tués par des grenades. Evyatar et un autre ont été faits prisonniers. Un seul en a réchappé.

14 heures – Nehusha, village israélien proche de la Cisjordanie

Tout au long de la journée, scotchée aux chaînes d'information et aux réseaux sociaux, la jeunesse israélienne découvre avec horreur le degré de barbarie dont ses ennemis sont capables. Aux alentours de 14 heures, dans le petit village de Nehusha, une bande d'amis fréquentant le même lycée se retrouve sur la place principale pour discuter des événements. « Plus rien ne sera comme avant, car les Arabes sont passés à la vitesse supérieure, dit Yoav, une kippa sur sa tignasse bouclée. Nous étions habitués aux attentats, mais ils étaient toujours le fait de petits groupes solitaires. Cette fois, ils sont venus avec l'intention de tuer tous les Juifs sur leur passage. » Regev, l'un des membres du groupe, acquiesce : « Pour qu'Israël vive en paix, la solution serait de chasser tous les Arabes de cette terre. Mais c'est impossible car nous sommes limités par nos principes démocratiques. Ce conflit n'a pas de solution. Nous n'avons nulle part ailleurs où aller, et les Palestiniens ne veulent pas partager. Les attaques reprendront de plus belle, les civils palestiniens continueront à mourir sous les bombes de notre armée ; c'est horrible, on aimerait qu'il en soit différemment, mais c'est ainsi. »

14 h 30 – Kibboutz Nir Oz

Tsahal parvient enfin à la maison de Hadas Kalderon. Quand les soldats frappent à sa porte, elle hésite à ouvrir. Après huit heures de calvaire, on la conduit finalement dans une maison où sont rassemblés les survivants. Là, les rescapés comprennent que près de 80 personnes de leur kibboutz ont disparu. « Ils ont kidnappé des personnes âgées que je connais, et qui peuvent à peine se déplacer, raconte Hadas. Je ne vois même pas comment elles vont survivre. » Ses enfants Erez et Sahar ainsi que leur père Ofer font partie des disparus. Les groupes palestiniens ont ainsi enlevé environ 240 personnes, dont 6 Français.

Hadas évoque la joie de vivre d'Erez, un petit garçon si drôle qu'il serait capable de monter un spectacle de stand-up quand il ne se dépense pas sur un terrain de foot ou derrière une table de ping-pong. Sa sœur, Sahar, « belle comme la lune », la traduction de son nom en hébreu, est un « ange au cœur immense ». « J'ai du mal à manger, à dormir. Mes amis me disent que la nuit je crie et je pleure… Je me consacre à sauver la vie de mes enfants… » Le 26 octobre, Erez a eu douze ans dans un tunnel à Gaza. Durant plus d'un mois sa mère va passer ses journées à pleurer devant la télévision, à répondre à des interviews « parce que le monde doit savoir » et à inciter les autorités à négocier [1].

---

1. Sous la pression de la communauté internationale et des familles d'otages, le 21 novembre un accord a finalement été trouvé pour la libération de vieillards, de femmes et d'enfants au prix d'un otage israélien pour trois prisonniers palestiniens. Les deux enfants Kalderon ont été libérés le 27 novembre. La trêve et les échanges ont duré sept jours et permis de libérer 110 otages avant la reprise des combats. Voir épilogue.

16 heures – Kibboutz Nahal Oz

Général de division à la retraite, Noam Tibon, soixante-deux ans, vit avec son épouse Mira à Tel-Aviv. Le 7 octobre au matin, il a suivi avec inquiétude ce qui se passe dans le Sud. Il pense d'abord à son fils, Amir, trente-quatre ans, journaliste de renom du quotidien *Haaretz*, qui vit dans le kibboutz Nahal Oz, tout près de Gaza, avec sa compagne Miri, leurs deux filles, Galia, trois ans, et Carmel, un an.

Vers 6 h 30 du matin, quand l'alerte retentit suivie d'un tir de roquettes lancées par le Hamas, tous les quatre se sont enfermés dans la pièce sécurisée et renforcée de leur maison. Vers 7 heures, Amir entend des voix en arabe. Il comprend que ce sont des assaillants. Il appelle son père au téléphone. À voix basse, il lui dit : « Il y a des terroristes à l'extérieur de la maison. » Pas besoin d'en dire plus. Noam Tibon a compris. Il prend sa voiture, armé de son pistolet. Son épouse à ses côtés, il file vers le sud. Premier arrêt, le kibboutz Mefalsim, où ils découvrent des corps inanimés et des voitures incendiées. Soudain un jeune couple, pieds nus, surgit. Ce sont des rescapés du massacre commis par le Hamas au festival de musique Supernova. Noam et Mira les font monter dans leur voiture et les conduisent en lieu sûr à Ashkelon, sur la côte. Ils reprennent la route.

Le général retourne à Mefalsim, dépose son épouse, embarque un soldat qui a accepté de l'accompagner et reprend son périple. À l'entrée de Nahal Oz, les deux hommes rejoignent un groupe de militaires qui se battent contre des terroristes. Ils les aident à combattre les assaillants. Deux soldats sont blessés. Le général les fait monter à bord de sa voiture et retourne à Mefalsim, d'où sa femme va les conduire à l'hôpital. Peu après, vers 14 heures, il retourne à Nahal Oz. Au milieu du chaos, il tombe sur un autre général à la retraite, Israel Ziv, soixante-six ans, qui lui aussi a remis l'uniforme pour leur prêter main-forte.

Accompagnés de militaires envoyés en renfort, les deux généraux pénètrent dans le kibboutz, avancent maison après maison. Ils tuent au passage six terroristes et libèrent des familles enfermées depuis le matin. « Quand je suis arrivé près de la maison de mon fils, raconte Noam Tibon, il y avait là les corps de cinq terroristes et celui d'un soldat israélien. Je me suis approché de la fenêtre. J'ai cogné fort sur le volet de protection en disant : "Amir, c'est papa. Tu peux ouvrir." » « Il était environ 16 heures, se souvient Amir. Cela faisait dix heures que nous étions dans le noir, sans un mot. J'avais dit à mes filles de rester silencieuses. Rien ne devait nous faire repérer. Alors quand papa est arrivé, nous avons pleuré de soulagement. Nous savions que nous étions sauvés. »

19 h 30 – Base de Shura, près de Ramla, centre d'Israël

Michal Levin-Elad, cinquante-sept ans, patronne du bureau d'enquête de la police scientifique israélienne, chimiste de formation, est d'abord une spécialiste des empreintes digitales. Une experte du crime si humaine, qui parle avec ce mélange de douceur, de sang-froid et de précision typique des légistes. Depuis un an, elle est la commandante du Bureau national d'enquête de la police scientifique israélienne. Elle avait planifié pour novembre un vaste exercice interservices destiné à affronter une catastrophe de très grande ampleur. « Nous n'en aurons plus besoin », ironise-t-elle. Ses équipes ne manquent pas d'expérience, dans un pays où la violence est quotidienne – 150 meurtres par an, en moyenne – et où les attentats sont si récurrents qu'ils ne font plus la une des journaux. La bousculade meurtrière du mont Méron, le 30 avril 2021, leur avait infligé un record morbide de 45 morts pour un seul incident. Ce n'était qu'une vaguelette en comparaison du 7 octobre. « Je pensais avoir tout vu », dit-elle en hochant la tête.

Le matin du 7 octobre, elle a vite compris qu'il ne s'agissait pas d'un simple attentat. Ses collègues prennent peu à peu la mesure de la catastrophe. « On imaginait d'abord 200 ou 300 corps. On a compris que ce serait bien plus. Les laboratoires de la police à Tel-Aviv ne peuvent pas traiter plus d'une centaine de corps en même temps. Nous avons donc décidé d'ouvrir une morgue mobile. » Tous les officiers de la police scientifique du pays, même les retraités, sont mobilisés. L'armée met à disposition la morgue d'une base militaire près de Ramla, au centre du pays. Les policiers y débarquent dès le début de soirée du premier jour. Les bâtiments y sont prévus pour résister aux munitions du Hamas. Plusieurs parkings peuvent recevoir des conteneurs frigorifiques pour stocker la masse de sacs mortuaires. Les premiers corps arrivent le dimanche.

Le massacre, par son ampleur et sa cruauté, a repoussé les limites de l'horreur, même pour ces détectives scientifiques chevronnés. « D'ordinaire, on sait de quelle scène de crime provient un corps, explique-t-elle. Pas ici. » Michal Levin-Elad ne s'est pas laissée submerger. Quand, dans d'autres pays, on aurait croulé sous la tâche, mis des mois à gérer l'afflux de corps difficiles à identifier et abandonné des restes humains sur les sites du massacre, elle a organisé un roulement pour travailler non-stop. Pendant plus d'une semaine, elle n'est pas rentrée chez elle. Près d'un mois plus tard, le flux ne s'est pas arrêté. Les équipes de Michal Levin-Elad ont travaillé sept jours sur sept, vingt-quatre heures sur vingt-quatre, en trois quarts de huit heures.

Amenés par les ambulanciers de l'armée et d'organisations privées comme les orthodoxes de Zaka, plus de 1 000 cadavres sont passés par la morgue mobile géante de Shura, 800 dès la première semaine, s'entassant dans des dizaines de conteneurs réfrigérés. Impossible, face à une telle hécatombe, d'enquêter en détail sur chaque victime. Seuls des rapports sommaires sont établis. Les légistes concentrent leurs efforts sur l'identification pour rendre les dépouilles aux familles. Les assassins se sont acharnés à détruire les corps, que ce soit avec des armes explosives sur des civils sans défense – lance-roquettes antichars, grenades thermobariques… –, en utilisant tout ce qui leur passait par les mains ou en incendiant les maisons, les morts et de trop nombreuses fois les vivants – dont la trachée engorgée de cendres trahit parfois une agonie abominable.

Cet acharnement a obligé les légistes à recourir à des radiographies dentaires ou à des analyses ADN pour l'identification. « Au bout d'une semaine, il n'y a plus de sang prélevable, donc il faut faire un prélèvement de tissu », détaille la cheffe de la police scientifique. Elle assiste à l'ouverture d'un sac. À l'intérieur, le corps gonflé d'une femme, pantalon baissé. À ce stade, les corps entiers comme celui-ci sont l'exception. Désormais, des militaires aidés par des archéologues de l'Autorité des antiquités d'Israël ratissent les sites des massacres à la recherche du moindre ossement, du moindre tas de cendres oublié. Des restes humains continuent d'être découverts tous les jours.

Au 1er novembre, 826 cadavres israéliens avaient été identifiés, 732 avaient été enterrés. Malgré les analyses, les contenus de centaines de sacs mortuaires n'ont pu être reliés à des noms de victimes. « Pour chacun de ces sacs mortuaires, ce sont des proches qui souffrent et n'en peuvent plus d'attendre », rappelle la légiste en chef. « C'est dans notre ADN, en Israël, on ne peut pas attendre et faire les choses à moitié, justifie-t-elle. Je serai la dernière à quitter mon poste, quand le dernier légiste aura terminé son travail sur le dernier corps. » Et de conclure : « Le pays ne sera pas en paix tant que nous n'aurons pas identifié toutes les victimes. »

À la mi-décembre, le bilan officiel des massacres s'élève à 1 139 morts côté israélien, dont 695 civils, 373 membres des forces de sécurité et 71 étrangers sans la nationalité israélienne.

Vers 20 heures – Gaza

Dans la soirée, les bombardements s'intensifient sur Gaza. La maison de Yahya Sinouar a même été touchée. Vers 20 heures, le ministère de la Santé du Hamas émet un premier bilan : 232 morts palestiniens, 1 697 blessés. Il dépasse celui, encore préliminaire, communiqué sur les victimes de l'attaque du Hamas en Israël, 200 morts et 1 500 blessés seulement à la même heure. Comme si le 7 octobre avait été plus meurtrier à Gaza qu'en Israël – c'est évidemment faux. Comment les Palestiniens ont-ils pu compter si vite plus de morts que les Israéliens ?

Ayant travaillé sur de précédents conflits à Gaza et au Moyen-Orient, Airwars, une organisation non gouvernementale de veille sur les victimes de bombardements, a tenté de vérifier incident par incident l'identité et le nombre de victimes civiles. Lors des précédents conflits, beaucoup moins meurtriers, les bilans palestiniens étaient, selon sa directrice, Emily Tripp, relativement fiables. Sur les 167 à 212 décès rapportés par des sources locales pour les bombardements de mai 2021, Airwars avait pu en confirmer entre 151 et 191. Pour discréditer ces chiffres, Israël pointe néanmoins depuis longtemps les liens avec le Hamas des institutions qui les émettent, les hôpitaux et la branche de Gaza du ministère de la Santé de l'Autorité palestinienne.

La prudence est effectivement de mise : le groupe terroriste, qui s'est rendu coupable de crimes contre l'humanité, nie ses propres atrocités et cherche à renverser l'accusation d'agression contre Israël. Tout le pousse à la surenchère, pour que le nombre de victimes palestiniennes dépasse et minimise par comparaison le bilan côté israélien. Mais la contre-attaque israélienne est bien de taille à provoquer un bain de sang. Durant la seule première semaine, Tsahal a revendiqué avoir tiré 6 000 bombes et obus sur Gaza – par comparaison, la coalition internationale contre Daesh avait lâché seulement 5 000 munitions lourdes sur Mossoul durant l'ensemble du mois de mars 2017, l'un des plus meurtriers de cette guerre.

Début décembre, en épluchant les réseaux sociaux et les médias palestiniens, Airwars a d'ores et déjà pu identifier une dizaine d'incidents meurtriers pour la seule journée du 7 octobre, quasi tous très bien documentés, soit un total de plus de 75 morts listés et nommés. On est encore loin des 239 proclamés par le Hamas mais, dans de nombreux conflits, les décès publiquement confirmés ne sont souvent que la partie émergée de l'iceberg. Quoi qu'il en soit, dès ce premier jour de la guerre, plusieurs familles palestiniennes entières ont été décimées. Ces tueries sont éparpillées dans toute la bande de Gaza : dans le quartier d'Al-Shaboura de Rafah, la ville-frontière avec l'Égypte, à Beit Hanoun, au nord de la bande de Gaza, dans le quartier al-Zaytoun, au sud de la ville de Gaza… Cette dernière frappe a eu lieu entre 20 h 20 et 20 h 30, et a été confirmée par une enquête d'Amnesty International [1]. « Deux bombes sont tombées d'un coup sur l'immeuble et l'ont détruit, a témoigné Mohammad al-Dos auprès de l'organisation. Avec ma femme, nous avons eu la chance de survivre parce que nous habitions au dernier étage. Elle était enceinte de neuf mois et a accouché à l'hôpital d'Al-Shifa le lendemain. Notre famille est anéantie. » Leur fils de cinq ans, Rakan,

1. « Des preuves accablantes de crimes de guerre, alors que les attaques israéliennes anéantissent des familles entières à Gaza », Amnesty International, 20 octobre 2023.

a péri lors de l'attaque, parmi les 15 membres tués de la famille al-Dos dont 7 enfants. Amnesty assure ne pas avoir identifié de cible militaire – l'armée israélienne n'a pas répondu à ses questions.

Comment expliquer une telle hécatombe ? Tout en invitant à se défier des chiffres du Hamas, l'armée israélienne pointe l'incrustation du groupe terroriste dans la population et l'utilisation de boucliers humains. Plusieurs enquêtes ont aussi souligné le relâchement des « règles d'engagement » israéliennes, autorisant à bombarder des cibles civiles, des quartiers d'habitations, des immeubles, des maisons, des familles, parfois pour éliminer un cadre, voire de simples militants du Hamas, en dehors de toute base militaire ou de situation de combat [1]. Une approche brutale imposée par la volonté d'éliminer le Hamas coûte que coûte, mais aussi pour faire monter la pression dans les négociations pour libérer des otages. C'est précisément la justification apportée par le ministre des Affaires de la diaspora Amichai Chikli, interviewé mi-novembre peu de temps avant l'accord qui permettra de libérer une centaine d'otages : « Plus nous serons agressifs contre le Hamas, plus il subira de

1. Voir en particulier Yuval Abraham, « "A Mass Assassination Factory": Inside Israel's Calculated Bombing of Gaza », *+972 magazine*, 30 novembre 2023.

pertes, meilleur sera l'accord que nous obtiendrons. » De quoi alimenter les accusations de faire subir aux Palestiniens une « punition collective », reprises par des experts et dirigeants de l'ONU.

Le 8 décembre, le groupe terroriste affirme que 17 177 Palestiniens ont été tués dans des bombardements israéliens à Gaza, dont 7 112 enfants. Ces chiffres font l'objet de vifs débats. D'après les Israéliens, un tiers de ce total serait en fait composé de combattants du Hamas. Même en ne retenant que le chiffre d'une dizaine de milliers, cela en fait l'un des bombardements les plus meurtriers en victimes civiles du XXIe siècle, surclassé seulement par la prise de Marioupol en mars 2022 lors de l'invasion de l'Ukraine par la Russie (avec 25 000 civils tués au minimum, selon les Ukrainiens).

20 heures – Kibboutz Be'eri

Terré dans son abri avec sa femme et ses trois enfants, Amos Gurevits, quarante-six ans, ne comprend pas pourquoi l'armée n'est toujours pas là. Les échanges de coups de feu entre les tueurs et les gardes du kibboutz n'ont pas faibli. Dans la pièce plongée dans le noir, les enfants âgés de quatre, six et neuf ans, allongés par terre, ont ordre de ne pas faire de bruit. Ils se comportent en « héros », dit le père de famille. Sa femme et lui tentent de ne pas montrer leur inquiétude. À un moment, ils ont bien entendu des hélicoptères, mais rien ne s'est passé. « À cet instant, je me sens complètement abandonné. » C'est seulement à la nuit noire que les premiers mots d'hébreu se font entendre derrière la porte de l'abri. « Ma femme était persuadée que c'étaient encore les terroristes », glisse Amos. « Quelle est votre adresse, votre nom, celui de vos parents, la couleur de votre béret ? » interroge-t-il avant de finir par ouvrir la lourde porte. Les enfants sautent sur les militaires de Tsahal et les embrassent.

Il faut encore être évacué, quitter le kibboutz. À l'extérieur, c'est une zone de guerre, tout est incendié, une épaisse fumée enveloppe l'air humide, de l'eau déborde des égouts, des dizaines de voitures sont brûlées, éventrées, des réservoirs criblés de balles. Et puis il y a les corps, qui partout jonchent le sol. « On avançait au milieu de ce chaos, en disant aux enfants de regarder droit devant eux », raconte Amos. Un ami venu le chercher croit voir un « spectre » arriver devant lui, livide.

Le vieil Elie Carasanti est lui aussi secouru peu après. Sur la route qui le conduit loin de ce kibboutz où il a vécu plus de cinquante ans, il apprend que sa fille Mayana, son gendre Noar et sa première femme, Shoshana, la mère de ses enfants, ont tous trois été assassinés. Les combats se poursuivront à Be'eri jusqu'au lundi, se terminant par des assauts meurtriers, aussi pour certaines familles israéliennes prises au piège entre deux feux. En tout, 108 habitants de Be'eri sont morts le week-end du 7 octobre.

23 heures – Kibboutz Kfar Aza

La petite Sa'ar a épuisé l'eau qu'avait emportée sa mère Keren dans l'abri le matin. Dans la soirée, enfin, une voix en hébreu appelle de l'extérieur. Ce sont des soldats de la brigade Guivati. Ils les emmènent vers un autre abri où sont cachés une quinzaine de civils et six chiens. Les animaux font leurs besoins au milieu des survivants entassés. Avidor, Keren et leur fille ne sont pas pour autant sortis d'affaire. Vers 1 heure du matin, le dimanche, une première sortie échoue : il faut se replier dans l'abri. Les rafales continuent dehors. Seconde tentative à 2 heures passées : ils atteignent la sortie du kibboutz et passent devant leur voiture criblée de balles, les vitres éclatées. Près du portail, Keren aperçoit au sol le corps d'un combattant. Elle meurt de soif. « Tu as ton portefeuille ? » demande-t-elle à son mari en arrivant à la station-service au croisement de la grand-route. « Entre et sers-toi ! » lui répond-il. Le monde d'avant n'existe plus. Quand elle franchit la porte, elle tombe sur une épaisse mare de sang. « Ils avaient massacré le vendeur, probablement un Bédouin », dit-elle.

Sur 700 habitants du village, 77 ont été tués et 17 pris en otage. Après vingt heures à frôler la mort, les Schwartzman montent dans des bus avec les autres rescapés. Ils zigzaguent dans la nuit pour éviter les axes où la horde ennemie continue de surgir et de tirer au lance-roquettes sur tout ce qui passe. Dans l'obscurité, ils découvrent les bas-côtés jonchés de véhicules détruits, parfois encore en feu, et de cadavres. Pour Keren Schwartzman, « on se serait cru dans un film de zombies après l'Apocalypse ».

Samedi 14 octobre – Tel-Aviv, ministère de la Défense

Avichai Brodetz est seul face au ministère de la Défense israélien. Installé sur une chaise en plastique, le crâne rasé, en Crocs, short et veste à capuche, avec son chien Rodney, cet agronome de quarante-deux ans venu de Kfar Aza a l'air d'un sans-abri perdu. Posée sur lui, une pancarte dit sobrement : « Ma famille est à Gaza. » Israël est encore sous le choc. Les enterrements de victimes se succèdent, l'aviation pilonne Gaza et des politiciens israéliens multiplient les appels outranciers à la vengeance. Les plus de 240 otages en sont presque oubliés.

Le sit-in d'Avichai veut rappeler leur sort. Sa femme Hagar, sa fille aînée Ofri, dix ans, son cadet Yuval, huit ans, son benjamin Uriah, quatre ans et demi, ont disparu le matin du 7 octobre. Avichai Brodetz s'était réveillé à leurs côtés. C'était la veille de l'anniversaire d'Ofri. Son gâteau était prêt dans la cuisine. L'attaque a commencé, les coups de feu se sont rapprochés. La fille des voisins, Avigail, trois ans, est arrivée en courant. Ses deux parents ont été tués. Elle s'est cachée avec les Brodetz et Avichai est sorti pour combattre. Coincé dans une autre partie du kibboutz, il a perdu le contact avec sa femme Hagar vers 11 heures.

« J'étais certain qu'ils étaient tous morts, se souvient-il la semaine suivante, dans l'hôtel au nord de Tel-Aviv où il s'est réfugié. Mais dimanche soir, j'ai appris qu'ils avaient été vus en vie hors de chez nous par un habitant du kibboutz. Aucun corps n'a été trouvé dans notre maison. Je n'en sais pas plus. » Il sait par contre une chose : « Ma famille devrait être avec moi, martèle-t-il. Je survis à l'espoir. » Alors que dès les premiers jours des centaines de milliers de personnes ont manifesté partout dans le monde pour les Gazaouis bombardés, la cause des otages a peiné à rassembler. En Occident, certains n'ont eu de cesse d'arracher les affiches figurant leurs portraits. Et même à Tel-Aviv, il a fallu plusieurs semaines pour que l'initiative d'Avichai mobilise largement – jusqu'à une centaine de milliers de manifestants le 26 novembre, pour les cinquante jours de la guerre.

La pression a cependant payé. Malgré sa détermination à n'accorder aucun répit à l'ennemi, le cabinet de guerre israélien a approuvé le 21 novembre un accord avec le Hamas pour un cessez-le-feu et un échange. Le fragile accord a tenu jusqu'au 30. Cent dix otages ont ainsi été libérés, contre 240 prisonniers palestiniens – pour la plupart arrêtés en lien avec des attaques terroristes contre des Israéliens. Mi-décembre, plus d'une centaine d'Israéliens restaient en captivité, presque tous des hommes. Hagar, Ofri, Yuval, Uriah et leur voisine Avigail ont été libérés le 29 novembre.

Postface

Un monstre devenu un mannequin

Le 3 janvier 1998. Cette nuit-là, je traînais encore dans la rédaction du journal oranais qui m'employait. Avec les assassinats quotidiens des aînés journalistes, on recrutait désormais « jeune » dans les journaux algériens. On se retrouvait tous au cœur mort de la guerre civile algérienne déclenchée au début de 1990, une guerre d'horreur, invisible et indéchiffrable pour le reste du monde qui ne savait rien du califat universel ni de son fascisme à venir. Vers 20 heures, je consultai les dépêches d'agences en attendant qu'on me dise où aller encore une fois : je n'avais pas de logement pour cette nuit-là ni pour les suivantes. Les loyers à Oran s'étaient considérablement envolés à cause de l'exode des Algérois fuyant la capitale pour échapper à la vague d'attentats, de morts, de bombes, d'égorgements… Comme dans un film sans grande inventivité, c'est à cette heure vacante que le téléphone de la rédaction sonna et que je pris le combiné. Une voix inconnue, pressée et lointaine, m'informa, sans détours inutiles, qu'on avait massacré des centaines de personnes à Had Chekala et à Aïn Tarek, dans la préfecture de Relizane, à 200 kilomètres à l'est d'Oran, dans la direction d'Alger. Ces coups de fil d'informateurs anonymes n'étaient pas une chose inaccoutumée : les massacres constituaient un peu la chronique journalière de l'horreur algérienne et les islamistes tuaient de plus en plus à l'aveugle, embourbés dans une sorte de spirale folle de sentiment de défaite et de colère face aux militaires. On parlait même de sectes d'islamistes qui se reconnaissaient à l'index coupé, celui qu'on remue durant les prières rituelles pour dire : « Dieu est unique. » Pourquoi ? Parce qu'après dix ans de djihad, la victoire annoncée par le Coran ou les prêches n'était pas là, et ces monstres perdus en voulaient à leur divinité défaillante. Une voix informant un journal sur un massacre ou un bilan de morts, tard dans la soirée, n'offrait pas une surprise. Pour moi comme pour des centaines d'autres, le journalisme algérien de cette époque se résumait presque entièrement à la « couverture sécuritaire » : l'euphémisme technique utilisé pour les papiers qu'on signait en allant sur le lieu de l'horreur, après une tuerie, pour compter les corps et parfois recueillir les témoignages des survivants. Ces mêmes histoires lassantes, inutiles, chargées à la fois du silence et de la futilité qui constituent, parfois, l'expression du comble de la tragédie humaine. Le débat, lors des réunions de rédaction, confinait à l'absurde : fallait-il donner le bilan exact des morts, chaque jour, et ainsi jouer le jeu de la propagande islamiste ? Ou faire comme le régime militaire, couper dans le vif, diviser par deux les totaux, ou encore ne publier que des chiffres approximatifs ? Faire du journalisme ? De l'humanisme ? Du surréalisme ? J'avais déjà « couvert » des massacres près d'Oran, des champs de bombes, de faux barrages dressés par les égorgeurs, et j'avais déjà ressenti cette horrible douceur spongieuse de morceaux de chair qui vous collent à la semelle quand vous cheminez dans ces champs de morts à la recherche de détails. Après le coup de fil, j'informai mon directeur de ce nouveau massacre et il décida de m'envoyer sur les lieux, le lendemain à la première heure.

Mais ce qui s'est passé à Had Chekala, j'allais le découvrir, c'était pire que la routine de l'enfer algérien.

Le lendemain à l'aube, avec les quelques sous de « frais de mission » que m'octroyait le journal, je fus sur place. Presque 200 kilomètres de route vers Relizane et ensuite un long chemin tordu, glabre, lunaire, accompagné d'arbres squelettiques et qui traverse la chaîne de montagnes du Ouarsenis, dans l'Ouest algérien. Il fallait atteindre d'abord

Ammi Moussa, un gros village, puis continuer vers Had Chekala, hameau encore plus reculé dans la terre glacée et pauvre de cette région. Sur place, le petit hameau éparpillé maintenait des traces de vies en hibernation, des réclusions anciennes, de maigres feux de familles. Des maisonnettes en terre se juchaient au-dessus d'un cours d'eau, en bas de colline, que les neiges de l'hiver gonflaient de boues et de froides lenteurs. Sur place, on subissait immédiatement l'effet aspirateur du vide, dans les ruelles, dans les regards des survivants : que des hommes hébétés, des femmes muettes assises sur le sol, des effets personnels éparpillés, des silences, des gémissements, des enfants paralysés par le froid. J'y étais à la première heure, juste avant le lever d'un soleil terne, avec le photographe d'une agence de presse internationale rencontré là. Les cohortes de journalistes de la capitale viendraient le lendemain et, avec eux, les soldats, les « services secrets », les photographes, les faux témoins, les scénographies politiciennes : le régime d'Alger avait peaufiné un scénario serré pour faire barrage à la pression internationale qui exigeait une enquête onusienne sur les populations sans protection. Il fallait donc, pour les « chefs » du pays, combler le trou béant du massacre en inventant des versions adoucies, avec des témoins dirigés ou faussaires. On n'en était pas encore à ce stade sur la scène du crime. Au jour zéro, à l'heure morte où les effets secondaires de l'épouvante traversaient les paysans, j'étais encore seul parmi les habitants et les survivants. Un homme vieilli m'accrocha soudainement le bras et me demanda l'aumône : « Pas pour moi, je suis un homme sans besoin, j'habite l'autre village (Ain Tarek), je cherche seulement à ramasser un peu d'argent pour ces pauvres malheureux. » Il m'indiquait les survivants descendus des montagnes la veille, et que les habitants du bourg, trop pauvres eux-mêmes, ne pouvaient nourrir. Aujourd'hui, j'ai peu de réminiscences précises de cette scène, mais cette main serrée sur mon bras, je m'en souviens encore.

Je décidai alors de traverser le cours d'eau à dos d'âne et de grimper la « Montagne » par le premier flanc accessible pour voir de mes yeux l'endroit du grand massacre. Le chemin de fuite se révélait sans peine entre les arbres morts et les buissons noirs : les effets personnels des survivants fuyards étaient éparpillés selon une logique d'au-delà et de terreur nocturne. Les objets les plus légers en bas de la montagne, les plus lourds encore plus haut, vers les terres des quelques villages décimés. Et « là-haut », après une heure d'ascension, je la vis : une casemate au ras du sol, ténébreuse, menaçante. Les casemates constituaient ces trous à rats que creusaient les terroristes pour s'y embusquer et tirer aux chevilles. Puis je vis le reste de l'au-delà aux portails grands ouverts sur l'innommable : un gros cratère, une lune boueuse et déchue du ciel, le sol parsemé de débris étranges, méconnaissables au premier coup d'œil dans la lumière grise de l'hiver endurci. Les lambeaux, les mains coupées, les têtes, les bras... L'horreur ne propose pas une image, comme au cinéma. C'est surtout une interruption du son, un vide de transmission entre l'œil et le cerveau, une sorte de recul du corps en lui-même, dans son antre ancien, dans le ventre inaugural de la vie, et étrangement on se met à chanter des refrains idiots, à penser à un film ou à chercher un souvenir à la banalité soudainement essentielle. Je ne sais pas ce que j'ai ressenti, car je ne ressentis rien : mon corps joua immédiatement au cadavre pour se préserver. Dans le mois qui suivit, je me rendis compte des séquelles : insomnies, ulcère d'estomac, colères disproportionnées, rires idiots et mépris pour tous les vivants.

En une demi-heure, on prit des photos alors qu'un vent soufflait de l'au-delà grand ouvert, éventré.

Les terroristes avaient massacré les femmes, les enfants, les hommes, les chiens, les chats, les poules, les vaches d'élevage... tout ce qui pouvait respirer ou faire du bruit, alerter.

Puis tout fut brûlé des quelque dix hameaux dans ces hauteurs tribales et anciennes de l'Ouest algérien.

On kidnappa à la fin quelques jeunes femmes pour le harem des grottes et des forêts. Elles seraient violées, engrossées, puis tuées.

Le massacre fit en une nuit plus de mille morts (ou peut-être plus, car beaucoup n'étaient pas inscrits à l'état civil). Et lorsque je donnai ce chiffre de retour à Oran, on grimaça et on ne sut quoi en faire.

Le lendemain, en ramassant l'édition du journal à l'entrée de la rédaction, je découvris que mon titre avait été modifié par précaution. La « commission de lecture », installée par la censure officielle près de l'imprimerie, avait pensé éviter ainsi l'effet d'extension de sentiment de terreur : à la place de « mille morts en une nuit », je découvris un vague et précautionneux « des dizaines de morts en une nuit à... »

Au-delà de son chiffre de morts qui ne serait reconnu qu'en 2006 par le Premier ministre de cette époque, ce scénario d'horreur n'avait rien de neuf. Les terroristes recouraient à une violence extrême, déchaînée, barbare, que l'enjeu politique entre les islamistes et le « pouvoir » n'expliquait pas. Retour du refoulé de la violence coloniale ? De la décolonisation très violente du FLN contre ceux qui n'entraient pas dans le rang radical des indépendantistes ? Du Régime lui-même construit sur l'exercice de la tuerie, de l'élimination et du meurtre ? Les terroristes décapitaient, enfournaient des bébés, violaient et éventraient les femmes, kidnappaient. Des années après, en Irak, les Algériens assistèrent, dans un curieux effet de remake lointain et insonorisé, aux exactions de Daech, avec le même modus operandi.

À l'époque, les élites algériennes, qu'on nomme « de gauche », vivaient cruellement la terreur islamiste. Elles avaient une lucidité précoce quant aux mœurs du monstre islamiste, à ses méthodes et à son but ultime. On savait, avant tous les autres, le coût du califat et son but ultime. La mort enseignait la grande leçon, précise et éclairée.

C'était notre avance sur l'Occident, cette lucidité.

C'est pourquoi, quand advint l'horreur du 7 octobre en Israël, je fus doublement choqué.

Doublement piégé.

Doublement scandalisé.

Doublement muet.

Et doublement en colère, jusqu'à perdre les mots.

Mais faut-il que je mente ? Non. D'abord, en suivant aux premières heures les chroniques de ce massacre survenu aux frontières de la bande de Gaza, je me suis retrouvé projeté, sans aucune possibilité d'y échapper, dans une double scénographie annoncée, inévitable. D'abord, la première : celle des libérateurs imaginaires de la Palestine. Dans le sentiment propalestinien qui domine dans le monde dit « arabe », il y a une routine insultante et honteuse depuis plusieurs années : celle des marches, des drapeaux brûlés (d'Israël et des États-Unis), des cris d'*Allahou akbar* et des prêches dans les mosquées appelant Dieu à libérer la Palestine, ainsi que des manifestations circulaires de haine. Cet effet d'hystérie collective a son rituel, mais aussi sa vérité fanatique : il ne faut jamais le remettre en question, l'interroger pour ce qu'il est dans son inutilité et son vide ni s'en démarquer pour le penser ouvertement pour ce qu'il offre, ce qu'il dissimule. Le verdict de trahison est bagarreur, sinon dangereux. Je me souviens de ce texte que j'ai écrit en 2014 : « Ce pourquoi je ne suis pas "solidaire" avec la Palestine » et qui m'a valu les premières pendaisons publiques et damnations radicales. J'y exprimais mon refus d'une confessionnalisation et d'une racialisation de cette guerre entre Israël et la Palestine, mon refus de l'islamiser et de l'arabiser, mais aussi mon refus de ces folklores propalestiniens aux mœurs viciées. Dans les pays arabes, ces rituels exprimaient surtout l'impuissance, la lâcheté face au présent, l'échec, le refus de l'altérité et de l'universalité, le déclin et l'inhumain, sous couvert d'une identité et d'une culture solidaires avec les victimes. La Palestine m'apparaissait de plus en plus dans son double sort malheureux : un drame sur Terre et une métaphore de fuite en avant dans le monde dit « musulman ». Être propalestinien vous dispensait de tout, de travailler, d'habiter le monde, de rejoindre l'humanité, de penser ses échecs, de libérer son propre pays. Ce cri de routine était le cri de ralliement d'une haine que je découvrais peu à peu avec le temps : la judéophobie. Haïr le Juif nous dispensait de tout. Le Juif incarnait cette altérité refusée, menaçante pour l'univers utérin « arabe ». Cette culture de la paranoïa et du complot universel dans le monde dit arabe ; cette haine qui trouve dans une « cause » l'occasion de blanchir son essence obscure.

Pis encore, « libérer la Palestine » autorisait un jeu de rôle tortueux et inconnu pour l'Occident : rejouer la décolonisation par projection, son épopée sublimée et aussi ses avantages pour l'ego. Ainsi, dans ce monde dit « arabe », tout pouvait attendre tant qu'on n'avait pas libéré la Palestine.

Je compris dès le 8 octobre 2023 que ce chant fatigué et féroce allait encore une fois se faire entendre et annuler le temps, la présence au monde, la réflexion sur soi, sur ses enfants, sur l'avenir, sur la vraie solidarité humaine, sans distinction. Il ralliait les haines et ces haines alimentaient ma fatigue ancienne. Je voyais déjà se lever cette armée des libérateurs imaginaires qui, habillés de « la cause », allaient encore une fois relancer les plus coûteuses des hystéries sur le Juif. À propos de l'intifada palestinienne, Mahmoud Darwich, l'immense poète palestinien, disait même ceci : « À la fin, l'intifada a nui au peuple palestinien. Elle est devenue un métier. » Et le sentiment propalestinien a nui à la Palestine, il est devenu un autre métier.

Cette misère intellectuelle des « miens » m'excédait, m'insultait et m'épuisait, car l'essentiel de ma réflexion consistait à la démanteler, à l'analyser et à la contrer. Pourquoi me suis-je octroyé cette mission douteuse ? Pourquoi ma lutte contre l'antisémite et le confort et l'entre-soi ? Parce que la judéophobie m'interrogeait directement. Non sur le sort du Juif, sur la judaïté, mais par ce qu'elle articulait de moi dans l'intime, de ma culture, de mes conditionnements : ma libération, longtemps entamée depuis mes premières lectures littéraires dissidentes, transitait par la figure, en creux, du Juif haï dans mon univers. Ma réflexion, sur moi-même, aboutissait au lieu de la réflexion sur cet autre : le Juif. Ma supposée connaissance participait d'un vide : ce néant de savoirs et d'avoirs que je découvrais en moi en lieu et place de ce que les propagandes des miens m'avaient inculqué. Je découvrais que je ne savais rien que ce que l'on m'imposa, sur la Palestine, Israël ou l'histoire de l'errance juive et palestinienne.

Je savais que j'allais écrire sur ce 7 octobre, et me faire insulter, moquer, diffamer, me mettre en danger et m'isoler. Mais le 8 octobre, j'ai fait une autre découverte : ce sont parfois mes meilleurs amis, des éditeurs, des journalistes, des personnes de l'élite instruite du Maghreb et de Paris, et souvent vivant en Occident ou dans ses alentours, qui allaient me quitter sans un mot.

Et le 8, le 9, le 10 ? Je découvris cette ampleur incroyable de la judéophobie chez les miens. Cette irrationalité haineuse, cette conscience criminelle ou ignorante, prétextait du droit de s'indigner de la mort horrible du Palestinien à Gaza. Elle n'en fabriquait qu'une monstrueuse compassion grimée en solidarité. Je découvris cette judéophobie d'ambiance, de culture, de ralliement et de parade. En vérité, chez les miens, souvent, le propalestinien habillait l'antijuif et le néant en soi après les décolonisations.

Mais il restait pire à vivre et à réfléchir. Car dès les premières semaines, une idée fixa mon esprit sur son impasse : pourquoi, dans les pays « arabes » touchés par l'horreur des islamistes en armes, des élites laïques, de gauche, modernistes, instruites, prenaient la défense du « monstre » islamiste en Palestine au nom du décolonial ? Comment des survivants de la guerre civile algérienne pouvaient aujourd'hui « comprendre » le monstre et l'excuser et le défendre au nom d'un idéal de décolonisation hystérisé et sublimé jusqu'à l'absurde ?

Comment se fait-il que ceux-là mêmes qui en savent le plus sur le « monstre du califat » en viennent à jouer les plus ignorants et à s'en faire les avocats ?

Mais là aussi, à bien y réfléchir, je ne fus pas surpris. Chez les « miens » depuis des lustres, depuis Saddam et ses incarnations ridicules du panarabisme islamisé, avec son drapeau irakien siglé par un *Allahou Akbar* de circonstance, je décortiquais cette arnaque des libérateurs imaginaires. Pour pérenniser le récit de la décolonisation imaginaire, pour continuer à faire la guerre imaginaire à l'Occident, pour se prendre pour des héros et se cheguevariser, les élites chez nous recouraient à la plus détestable des ruses : habiller le monstre islamiste du Hamas avec l'habit prestigieux et démodé du décolonial, sur le dos du Palestinien qui mourait entre l'armée israélienne et les katibas du Hamas. Ainsi, même si l'on sait ce qu'est un monstre, il deviendra par cette grâce un monstre de « chez nous », donc l'un des nôtres, donc notre représentant, donc notre bras armé. La haine du Juif va si loin qu'elle peut s'accommoder de l'alliance avec le pire au nom du « bien » recalculé.

Ceux-là mêmes qui d'Alger couraient vers les capitales occidentales et les aéroports pour fuir le « monstre » de l'islamisme algérien dans les années 1990, les voilà à applaudir un carnage au nom du « remake » et de l'illusion du décolonial. Cette alliance des « élites » gauchisantes arabes avec le diable n'est pas une nouveauté dans le fourvoiement, cependant son syndrome touche aujourd'hui l'Occident. On y voit des armées idéologiques sans bras embrasser, dans la noce revigorante, l'islamisme occidental. Ils croient en disposer dans leurs conquêtes des pouvoirs et des culpabilités, auréolées de prestiges. Ces idiots utiles seront pendus comme ces idéalistes communistes sous le règne neuf des ayatollahs en Iran des années 1980, il y a des décennies.

Je ne fus donc pas vraiment surpris, par lucidité. Je m'attendais à ce que, dans le monde arabe, ce monstre qui a tué tant de personnes parmi nous soit érigé en modèle de beauté racial et habillé des vieilles tenues militaires de la libération de la Palestine. Ainsi, entre la haine du Juif, la judéophobie si peu interrogée, le déni du réel, le mensonge et le mercenariat à reculons, on a absous un massacre et, partout dans le monde, on a proclamé la juste cause comme une juste explication.

Plus de 200 000 Algériens sont morts, pris en tenaille entre militaires et islamistes. Des centaines de milliers d'autres ont été assassinés par Daech ou au Yémen. Des centaines de milliers de victimes partout dans le monde portent encore le joug de ce courant religieux. Ces atrocités n'ont pas suffi à éveiller les consciences et à faire la distinction entre la Palestine, qui a le droit à un territoire, la vie de ses citoyens, et ces monstres. Pis encore, on a effacé d'un revers de main ces passés décomposés sous l'impératif fou et mensonger de la « solidarité » avec la Palestine.

Ce monstre, qui tua tant dans notre monde dit « arabe », fut pardonné et acclamé comme héros à partir du moment où on tua des Juifs. C'est la réalité douloureuse, cruelle, dure et inacceptable pour nos consciences cloisonnées dans ce monde « arabe ». Et c'est justement « la cause palestinienne » qui y perd le plus dans cette confusion volontaire. C'est la « Palestine » qui perd sa terre et, encore plus, son histoire de lutte.

Bien sûr, faut-il le rappeler, la guerre menée contre les Palestiniens est coûteuse en tragédies, injuste même si justifiée par des politiques, aveugle, horrible. Elle réclame notre position et notre opposition ; elle impose la réflexion et le cri de refus : ce pays a besoin de naître, la Palestine a besoin d'être libérée sur ses terres partagées, à la fois des colonisations sauvages, des libérateurs imaginaires dans le monde dit « arabe », ou ailleurs, ainsi que des islamismes qui y reprennent vie et qui y ont acquis un prestige démesuré.

Et les autres ? Ceux qui ont été tués, massacrés, violés, kidnappés par le Hamas en cette journée qui figea le temps le 7 octobre ? Tout est justement tracé, tatoué et écrit en lacérations sur leurs corps en lambeaux : tant que dans le monde dit « arabe » et musulman on ne les prend pas comme victimes humaines, vies volées, bonheurs gâchés, enfances brisées, je ne pourrais pas croire à une « cause » juste en face ni surtout en moi-même, en mon intégrité. Car cette « cause », que l'on distingue en excluant ces morts, se perd, perd de son sens et donnera refuge au pire en nous, au monstre pour la plaider. La Palestine sera libre lorsque ces morts israéliens seront recueillis aussi dans le monde dit « arabe » comme victimes, comme vies volées. Cet accueil nous libérera de la monstruosité dormante, de l'exclusivité illusoire de la douleur, de l'inhumanité proclamée comme identité et de la haine habillée en solidarité. Ces morts nous renvoient dans le monde dit « arabe » au plus honteux de nos secrets, à la réalité de ce que nous pensons du reste du monde en l'accusant de nous exclure avec nos croyances, au suprématisme inversé et à nos compromissions avec le pire pour croire servir une « cause ». Ces morts nous interrogent et nous condamnent aussi tant que nous ne nous rangeons pas du côté de la sacralité de la vie. En Israël et en Palestine.

Ces morts sont aujourd'hui nos vis-à-vis exacts. Il ne faut pas les oublier, ni ceux-là ni les autres.

Car, dans le monde dit « arabe », c'est à partir du moment où l'on oublia les centaines de milliers de victimes du terrorisme islamiste que tout apparut possible comme complicité dans le meurtre de l'Autre. Et non seulement l'oubli, mais surtout l'acclamation aveugle et indécente du tueur comme libérateur.

Kamel Daoud

Table

Cet ouvrage a été mis en pages par

<pixellence>

Achevé d'imprimer en décembre 2023
par Normandie Roto Impression s.a.s.
61250 Lonrai
N° d'impression : 2305235
N° d'édition : 629746-0
Dépôt légal : janvier 2024

Imprimé en France